Karl Westhoff, Carmen Hagemeister

Konzentrationsdiagnostik

PABST SCIENCE PUBLISHERS
Lengerich, Berlin, Bremen, Miami,
Riga, Viernheim, Wien, Zagreb

Bibliografische Information Der Deutschen Bibliothek
Die Deutsche Bibliothek verzeichnet diese Publikation in der Deutschen Nationalbibliografie; detaillierte bibliografische Daten sind im Internet unter <http://dnb.ddb.de> abrufbar.

Geschützte Warennamen (Warenzeichen) werden nicht besonders kenntlich gemacht. Aus dem Fehlen eines solchen Hinweises kann also nicht geschlossen werden, dass es sich um einen freien Warennamen handelt.
Das Werk, einschließlich aller seiner Teile, ist urheberrechtlich geschützt. Jede Verwertung außerhalb der engen Grenzen des Urheberrechtsgesetzes ist ohne Zustimmung des Verlages unzulässig und strafbar. Das gilt insbesondere für Vervielfältigungen, Übersetzungen, Mikroverfilmungen und die Einspeicherung und Verarbeitung in elektronischen Systemen.

Prof. Dr. Karl Westhoff
Institut für Psychologie II
Technische Universität Dresden
D-01062 Dresden
Tel.: +49 (0) 351-463 331 49
E-mail: westhoff@psychologie.tu-dresden.de

Dr. Carmen Hagemeister
Institut für Psychologie II
Technische Universität Dresden
D-01062 Dresden
Tel.: +49 (0) 351-463 369 94
E-mail: hagemeis@psychologie.tu-dresden.de

© 2005 Pabst Science Publishers, D-49525 Lengerich

Konvertierung: Armin Vahrenhorst
Druck: KM-Druck, D-64823 Groß Umstadt

ISBN 3-89967-151-1

Inhaltsverzeichnis

1	Für wen und wozu dieses Buch?	11
1.1	Ziele	11
1.2	Überblick	12
1.3	Benutzungshinweise	14

KONZENTRATION UND KONZENTRIERTES ARBEITEN 15

2	Was ist Konzentration?	16
2.1	Aufmerksamkeit und Konzentration	16
2.2	Konzentration als Aspekt des Arbeitens	17
2.3	Konzentration als Zustand und als Persönlichkeitsmerkmal	18
2.4	Zentrale Merkmale der Konzentration	19
2.5	Das Akku-Modell der Konzentration	20

3	Was unterstützt und was beeinträchtigt konzentriertes Arbeiten?	22
3.1	Umgebungsbedingungen	22
3.2	Körperliche Bedingungen	23
3.3	Kognitive Bedingungen	24
3.4	Emotionale Bedingungen	25
3.5	Motivationale Bedingungen	26
3.6	Soziale Bedingungen	28

KONZENTRATIONSTESTS UND IHRE ANWENDUNG 31

4	Was messen Konzentrationstests?	32
4.1	Messen von Konzentration	32
4.2	Maße für Konzentration	36
4.3	Definition von Konzentrationstest	39
4.4	Einfache und komplexe Konzentrationstests	40

5	Arten von Konzentrationstests	41
5.1	Voraussetzungen für die Testung von Konzentration	41
5.2	Arten von Konzentrationstests	43
5.2.1	Konzentrationstests, die Vergleiche oder Zuordnungen verlangen	43
5.2.1.1	Vergleiche gleichzeitig dargebotener Reize	43
5.2.1.2	Vergleiche mit Gemerktem	44
5.2.2	Tests, die Reproduktionen verlangen	47
5.2.3	Konzentrationstests, die Operationen mit Zahlen verlangen	48
5.2.3.1	Zähl-Konzentrationstests	48
5.2.3.2	Rechen-Konzentrationstests	48
5.2.4	Konzentrationstests, die Operationen mit Buchstaben verlangen	50
5.3	Besonderheiten von Darbietungsarten	51
5.3.1	Papier-Bleistift-Konzentrationstests	51
5.3.2	Computer-Konzentrationstests	51
5.3.2.1	Computer-Konzentrationstests mit leistungsunabhängiger Darbietung	52
5.3.2.2	Computer-Konzentrationstests mit leistungsabhängiger Darbietung	52
5.3.3	Auditive Konzentrationstests	53
5.3.4	Konzentrationstests mit verschiedenen Aufgabenarten	54
5.4	Zur Entwicklung neuer Konzentrationstests	55
6	**Fehler bei der Verwendung und Interpretation von Konzentrationstests**	56
6.1	Anwender achtet nicht auf die Konzeption des Testautors von Konzentration	56
6.2	Anwender übernimmt ungeprüft die vom Testautor vorgeschlagenen Maße für Konzentration	57
6.3	Anwender wählt ohne Begründung einen Wert für die Messgenauigkeit (Reliabilität)	58
6.4	Anwender interpretiert Punktwerte	59
6.5	Anwender schließt Störungen nicht aus	59
6.6	Anwender achtet nicht auf Besonderheiten des Getesteten	60

6.7	Anwender zieht die Normen eines Konzentrationstests zur Beurteilung der Rohwerte eines wiederholten Konzentrationstests heran	60
6.8	Anwender schließt von einem Maß für Konzentration in einem Test auf „die" Konzentration	61

KONZENTRATION IN DER SCHULE 63

7	**Konzentration in der Schule**	64
7.1	Beschreibungen von un-/konzentriertem Verhalten	64
7.2	Beschreibung von Bedingungen für unkonzentriertes Verhalten	69
8	**Konzentrationsprobleme in der weiterführenden Schule – Vorschläge für Lehrerinnen und Lehrer**	75
8.1	Die Beteiligten beschreiben die störenden Verhaltensweisen	75
8.2	Die Beteiligten vergleichen ihre Beobachtungen	76
8.3	Die Beteiligten suchen systematisch nach den Bedingungen für mehr oder weniger konzentriertes Verhalten	76
8.3.1	Anwendung der Fragebögen	76
8.3.2	Ermittlung der Bedingungen für das unkonzentrierte Verhalten	77
8.4	Die Beteiligten beraten gemeinsam, was getan werden kann	78
8.4.1	Regeln für ein konstruktives Gespräch	78
8.4.2	Phasen eines lösungsorientierten Gesprächs	79
8.5	Wenn das Problem nicht in der Schule zu lösen ist	80
8.6	Empfehlungen bei Konzentrationsstörungen in den Klassen 5 bis 10	81
8.6.1	Fachspezifische Konzentrationsstörungen	81
8.6.2	Konzentrationsstörungen in allen Unterrichtsstunden	83
8.6.3	Beschreibung einer schulinternen kollegialen Weiterbildung	88

9	Eine entscheidungsorientierte psychologisch-diagnostische Strategie bei Konzentrationsproblemen in den Klassen 5 bis 10	90
9.1	Psychologische Fragen (= Hypothesen)	90
9.1.1	Körperliche Voraussetzungen	90
9.1.2	Äußere Bedingungen	91
9.1.3	Motivationale Bedingungen	91
9.1.4	Intellektuelle Leistungsfähigkeit	91
9.1.5	Soziale Bedingungen	92
9.1.6	Emotionale Bedingungen	92
9.2	Informationsquellen	92
9.3	Kombination von Psychologischen Fragen und Informationsquellen	93
9.4	Überlegungen zum Vorgehen	97
9.4.1	Leitfaden für ein entscheidungsorientiertes Gespräch mit dem Kind bzw. Jugendlichen	98
9.4.2	Leitfaden für ein entscheidungsorientiertes Gespräch mit den Eltern	102

KONZENTRATION IM BERUF ... 107

10	**Erleben von Unkonzentriertheit bei der Arbeit**	108
10.1	Überlegungen zum Erleben von Unkonzentriertheit bei der Arbeit	108
10.2	Untersuchungsmethode: Tiefeninterview	108
10.3	Die zentralen Ergebnisse zum Erleben von Unkonzentriertheit bei der Arbeit	115
10.4	Was folgt aus den Untersuchungsergebnissen?	119
11	**Bedingungen für konzentriertes Arbeiten**	121
11.1	Bedingungen der Arbeitsumgebung	121
11.2	Fragebogen zu Bedingungen der Arbeitsumgebung	125
11.3	Empfehlungen zum Umgang mit dem Fragebogen	137
11.4	Der Arbeitsstil als Bedingung für konzentriertes Arbeiten	138
11.4.1	Arbeitsauftrag	139
11.4.2	Planung der Arbeit	140
11.4.3	Arbeitsausführung	141

11.4.4	Ablenkungen im Arbeitsablauf	143
11.5	Checkliste zum eigenen Arbeitsstil	145
11.6	Gesprächsleitfaden zur Erfassung des Arbeitsstils eines anderen	148

KONZENTRATION IM ALTER 157

12	**Alter und Konzentration**	**158**
12.1	Bedingungen für Verhalten	158
12.2	Alter und Tempo beim konzentrierten Arbeiten	159
12.3	Alter und Fehleranteil beim konzentrierten Arbeiten	161
12.4	Alter und Konzentration am Beispiel Autofahren	161
12.4.1	Besonders schwierige Situationen für ältere Autofahrerinnen und -fahrer	163
12.4.2	Situationen, in denen ältere Autofahrerinnen und -fahrer ein geringeres Unfallrisiko haben	164
12.4.3	Zusammenhänge zwischen Veränderungen mit zunehmendem Alter im Labor und beim Autofahren	164
12.4.3.1	Kompensation durch Erfahrung	165
12.4.3.2	Fahrproben erreichen nur selten die Grenzen der Leistungsfähigkeit	165
12.4.3.3	Kompensation durch Vorsicht	166
12.4.3.4	Kompensation durch Vermeidung bestimmter Verkehrssituationen	166
12.4.4	Gestaltung des Straßenverkehrs als Möglichkeit zur Erhöhung der Verkehrssicherheit	167
12.4.5	Veränderungen der Informationsaufnahme mit dem Auge	167
12.4.6	Fahren mit Beifahrer	169
12.4.7	Telefonieren beim Autofahren	169
12.4.8	Sind alte Autofahrer gefährlich, weil sie sich schlechter konzentrieren können?	170

Literatur 171

1 Für wen und wozu dieses Buch?

1.1 Ziele

Jeder hat schon erlebt, dass es leicht fiel, sich zu konzentrieren, und es bei anderen Gelegenheiten Probleme machte. Störungen der Konzentration irritieren uns und behindern das zügige Arbeiten. Aber nicht nur unsere eigene mangelnde Konzentration kann uns stören, auch die Konzentrationsprobleme anderer können unsere Arbeit behindern. So werden z.b. rund ein Drittel aller Kinder bei schulpsychologischen Diensten vorgestellt mit der vorläufigen Diagnose „Konzentrationsstörungen".

Auch im Arbeitsalltag spielt die Konzentration bei vielen Tätigkeiten eine bedeutende Rolle. Störungen der Konzentration können nicht bloß lästig oder ärgerlich sein, sondern sie können dramatische Folgen haben, z.b. beim Führen von Kraftfahrzeugen.

Im Alltag wie auch in der Wissenschaft scheint es immer schon klar zu sein, was man unter Konzentration versteht. Wir werden allerdings sehen, dass es verschiedene Auffassungen von Konzentration gibt und daraus viele Missverständnisse resultieren können. Wir werden daher klären, was man im Alltag unter Konzentration versteht und welche Bedeutungen dieser Begriff in der Wissenschaft hat. Dies soll dabei helfen, sich hilfreiche Fragen stellen zu können, wenn man sich mit Konzentrationsproblemen bei sich selbst oder anderen beschäftigen muss.

Dieses Buch ist für alle geschrieben, die sich mit Fragen zur Konzentration auseinander setzen. Sei es, weil Konzentration oder ihre Störungen bei der eigenen Arbeit eine große Rolle spielen, oder sei es, weil die Konzentration von z.b. zu unterrichtenden Schülern oder zu führenden Mitarbeitern unzureichend ist. Viele Berufstätige leiden unter Konzentrationsproblemen und fragen sich, was eigentlich mit ihnen los ist. In allen diesen Fällen können die zusammengetragenen systematischen Überlegungen und Strategien zur Diagnostik und Intervention bei Konzentrationsstörungen helfen.

In diesem Buch gehen wir nicht ein auf die Aufmerksamkeitsdefizit-/Hyperaktivitätsstörung. Wir verweisen hierzu auf das praxisrelevante und gut lesbare Buch von Döpfner, Frölich und Lehmkuhl (2000) sowie den Band von Heubrock und Petermann (2001) zur Aufmerksamkeitsdiagnostik.

1.2 Überblick

Das Buch gliedert sich in fünf Teile: (1) Konzentration und konzentriertes Arbeiten; (2) Konzentrationstests und ihre Anwendung; (3) Konzentration in der Schule; (4) Konzentration im Beruf und (5) Konzentration im Alter.

Konzentration und konzentriertes Arbeiten

Zunächst grenzen wir Aufmerksamkeit und Konzentration voneinander ab. Wir beschreiben kurz die wesentlichen Formen der Aufmerksamkeit und stellen heraus, dass Konzentration ein Aspekt des Arbeitens ist. Wir gehen dabei auf die Besonderheit der Konzentration ein: Sie kann ein Zustand sein und ein Persönlichkeitsmerkmal. Danach beschreiben wir die zentralen Merkmale der Konzentration, geben unsere Definition von Konzentration und veranschaulichen unsere Vorstellung von Konzentration anhand des Akku-Modells der Konzentration.

Da in der Praxis oft danach gefragt wird, was das konzentrierte Arbeiten unterstützt und was es beeinträchtigt, gehen wir darauf ein. Die Fülle der hier zu betrachtenden Bedingungen gliedern wir in die folgenden sechs Bereiche: (1) Umgebungsbedingungen; (2) körperliche Bedingungen; (3) kognitive Bedingungen; (4) emotionale Bedingungen; (5) motivationale Bedingungen und (6) soziale Bedingungen.

Konzentrationstests und ihre Anwendung

Für viele Anwender stellt sich die Frage, was Konzentrationstests messen und welche praktisch aussagefähigen Maße für Konzentration es in Konzentrationstests gibt. Wir beantworten diese Fragen und geben eine praktische Definition von Konzentrationstest. Sie erlaubt es, Konzentrationstests zu identifizieren, die unter anderen Namen bekannt sind, und „Konzentrationstests", die primär etwas anderes als Konzentration erfassen, als Nicht-Konzentrationstests zu erkennen.

Eine Übersicht über die Arten von Konzentrationstests gibt eine Systematik der heute bereits verfügbaren Tests zur Messung der Konzentration und liefert zugleich eine Fülle von Ideen zur Konstruktion gut begründeter neuer Konzentrationstests, die für bestimmte praktische Zwecke hilfreich sein können.

Da eine Reihe von Fehlern bei der Verwendung und Interpretation von Konzentrationstests in der Praxis häufig vorkommen und dort für die Probanden, die Auftraggeber und oft auch für die Allgemeinheit gravierende Folgen haben, geben wir Hilfestellungen, wie sich diese vermeiden lassen.

Konzentration in der Schule

Probleme mit der Konzentration in der Schule sind seit Jahrzehnten ein viel diskutiertes Thema. Dabei fällt es den Beteiligten oft schwer, sich über das zu verständigen, was sie jeweils damit meinen. Hier bieten wir zwei Instrumente an, die in Zusammenarbeit mit Lehrerinnen und Lehrern aller weiterführenden Schulformen entstanden sind. Das erste dient der Beschreibung von un-/konzentriertem Verhalten in der Schule, das zweite erfragt die Bedingungen für unkonzentriertes Verhalten. Beide können Lehrer, Schüler und Eltern nutzen, um Vergleichbares zu beobachten.

Unkonzentrierte Schüler sind für andere Schüler und die Unterrichtenden eine Belastung. Wir stellen eine Vorgehensweise vor, die Lehrenden und Lernenden helfen kann, Konzentrationsprobleme in der Schule erfolgreich zu bewältigen.

In vielen Fällen reichen die Möglichkeiten der Schulen nicht zur Lösung von Konzentrationsproblemen aus. Dann sind Schulpsychologen gefragt. Wir stellen für diese eine entscheidungsorientierte psychologisch-diagnostische Strategie bei Konzentrationsproblemen in den Klassen Fünf bis Zehn vor. Diese Strategie umfasst auch Leitfäden für Tiefeninterviews mit betroffenen Schülern und deren Eltern.

Konzentration im Beruf

Jeder kennt Probleme, sich manchmal bei der Arbeit zu konzentrieren. Da dazu aber erstaunlicherweise bisher Forschungsarbeiten gefehlt haben, stellen wir die Ergebnisse einer Studie hierzu vor. Für die Praxis ergibt sich daraus eine Reihe von Schlussfolgerungen, die das eigene konzentrierte Arbeiten oder das von Mitarbeitern fördern können.

Im Arbeitsalltag herrschen oft Bedingungen, die ein konzentriertes Arbeiten mehr oder weniger erschweren und manchmal schier unmöglich machen. Dabei liegen diese Bedingungen seltener in der Natur der Sache, sie sind vielmehr vermeidbar oder zumindest stark zu reduzieren. Dazu muss man sie aber erst einmal identifizieren. Die physikalischen Bedingungen der Arbeitsumgebung haben wir in einem praktischen Fragebogen zusammengestellt, der am Beispiel von Büroarbeitstätigkeiten entwickelt wurde.

Neben diesen physikalischen Bedingungen der Arbeitsumgebung wirkt sich die eigene gewohnheitsmäßige Art zu arbeiten, man nennt dies den Arbeitsstil, auf die Konzentration aus. Eine Checkliste erlaubt es jedem Berufstätigen, seinen eigenen Arbeitsstil daraufhin zu prüfen, ob er die Konzentration bei der Arbeit fördert oder beeinträchtigt. Will man einem Kollegen oder Mitarbeiter helfen, sich über seinen Arbeitsstil klar zu werden, so kann man den dazu von uns bereitgestellten Leitfaden für ein entscheidungsorientiertes Tiefeninterview zur Erfassung des Arbeitsstils eines anderen benutzen.

Konzentration im Alter

Die im Erwachsenenalter zunehmende Verlangsamung von vor allem nicht dauernd geübten Abläufen zeigt sich ganz allgemein. Was bedeutet das aber für das konzentrierte Arbeiten und z.b. für Leistungen in Konzentrationstests? Berufskraftfahrer ab 55 müssen sich z.b. hinsichtlich ihrer Konzentration untersuchen lassen. Wir gehen daher am Beispiel des Autofahrens auf das konzentrierte Arbeiten im höheren Lebensalter ein. Hier zeigen sich wieder mehrere Bündel von Bedingungen, die es einzeln und in der Wechselwirkung zu beachten gilt, wenn man die Bedeutung des Faktors Konzentration angemessen abschätzen will.

1.3 Benutzungshinweise

Aus dem obigen Überblick wird deutlich, dass dieses Buch für mehrere Zielgruppen nützliche Informationen bietet. Der erste Teil des Buches über „Konzentration und konzentriertes Arbeiten" ist für alle Leser wichtig. Der zweite Teil über „Konzentrationstests und ihre Anwendung" nur für diejenigen, die sich hierzu näher informieren wollen. Entsprechendes gilt für die dann folgenden Teile „Konzentration in der Schule", „Konzentration im Beruf" und „Konzentration im Alter". Mit dieser Gliederung wollen wir Lesern helfen, sich nur mit den für sie interessanten Teilen beschäftigen zu können.

Konzentration und konzentriertes Arbeiten

2 Was ist Konzentration?

2.1 Aufmerksamkeit und Konzentration

Im Alltag werden die Begriffe Aufmerksamkeit und Konzentration zumeist weder klar voneinander unterschieden noch in eindeutiger Weise definiert. Da dies für die Beschäftigung mit dem Thema Konzentrationstraining von grundlegender Bedeutung ist, wollen wir auf diese Begriffe zuerst eingehen. Dabei kann man wie Freyberg (1989), der von einer etymologischen Analyse der Begriffe ausging, feststellen, dass Aufmerksamkeit sich immer auf das Wahrnehmen bezieht und Konzentration auf das Arbeiten.
Seit dem Beginn der wissenschaftlichen Psychologie wird der Begriff Aufmerksamkeit (attention) in vielfältigen Bedeutungen verwendet. Allen Bedeutungen gemeinsam ist die Feststellung, dass von vielen gleichzeitig vorhandenen Informationen nur eine beschränkte Anzahl bewusst ist und deren Verarbeitung das Individuum anstrengt. Die selektive Aufmerksamkeit (selective attention) gibt es als fokussierte Aufmerksamkeit (focused attention) und geteilte Aufmerksamkeit (divided attention). Bei der Daueraufmerksamkeit (sustained attention) wie auch der Vigilanz (vigilance) geht es um eine über längere Zeit aufrechterhaltene Aufmerksamkeit. Bei Vigilanzaufgaben sind die kritischen Ereignisse, auf die zu reagieren ist, selten, bei Daueraufmerksamkeit können sie dagegen häufig vorkommen.
Das Cocktailparty-Problem veranschaulicht die beiden Formen der selektiven Aufmerksamkeit. Man kann bei einer Cocktailparty an einem bestimmten Gespräch teilnehmen und die anderen Gespräche „ausblenden". Dies ist der Aspekt der fokussierten Aufmerksamkeit. Taucht in den Gesprächen, die neben einem ablaufen, aber eine wichtige Information auf wie der eigene Name, so hört man diese unwillkürlich heraus. Dies ist der Aspekt der geteilten Aufmerksamkeit. Die langdauernde Beobachtung, z.B. eines Radarschirms, und die richtige Reaktion auf relativ seltene „kritische" Ereignisse unter ähnlichen, aber unkritischen Ereignissen verlangt Daueraufmerksamkeit oder Vigilanz.

2.2 Konzentration als Aspekt des Arbeitens

Wenn wir einer Arbeit nachgehen, bei der wir denken – sprich bewusst Informationen verarbeiten – müssen, dann müssen wir uns konzentrieren. Damit meint man, dass man nicht beliebig viele Informationen gleichzeitig bewusst betrachten und kombinieren kann. Damit betonen wir einen ersten Aspekt des konzentrierten Arbeitens: die Auswahl der zu einem bestimmten Zeitpunkt bewusst zu verarbeitenden Informationen.

Da Menschen zu einem Zeitpunkt nur wenige Informationen bewusst verarbeiten können, müssen alle irrelevanten Informationen in diesem Augenblick von tieferer Verarbeitung ausgeschlossen werden. Tauchen in unserem Bewusstsein neben den relevanten Informationen auch irrelevante auf, so fühlen wir uns dadurch gestört. Wir erleben uns als unkonzentriert.

Die uns störende irrelevante Information kann von außen oder von innen, d.h. von uns selbst kommen. Im ersten Fall erleben wir, dass uns jemand oder etwas bei unserer konzentrierten Arbeit stört. Im zweiten Fall haben wir den Eindruck, dass wir nicht optimal konzentriert sind. Tauchen immer wieder irrelevante Informationen von innen auf, dann erleben wir unsere Konzentration als gestört.

Wenn wir feststellen, dass wir Informationen deutlich langsamer als sonst verarbeiten, dann können wir dies als mangelnde Konzentration oder Müdigkeit erleben. Die meisten haben auch eine zweite Variante von mangelnder Konzentration bei der Durchführung immer wieder gleicher oder ähnlicher Arbeiten erlebt: Man hat diese Tätigkeiten „satt". In der Psychologie bezeichnet man diesen Zustand als psychische Sättigung.

Am konzentrierten Arbeiten unterscheiden wir die folgenden beiden Aspekte: (1) die möglichst zügige Auswahl und Bearbeitung von Informationen und (2) Fehler in bewusst und absichtsvoll auszuführenden Handlungen, die wir eigentlich gut beherrschen. Treten Störungen von außen oder innen auf, so können (1) die möglichst zügige Auswahl und Bearbeitung von Informationen gestört werden, so dass man länger braucht, und (2) Konzentrationsfehler auftreten.

Erlernen wir einen bestimmten Handlungsablauf erst, dann erleben wir Handlungsfehler anders, als wenn wir Handlungen verrichten, die wir eigentlich beherrschen. Beim Erlernen von Handlungen können auftretende Fehler darin begründet sein, dass man noch nicht alle erforderlichen Aktionen beherrscht, man kann sie dann nicht sicher von Konzentrationsfehlern unterscheiden.

Störungen von außen können wir beim Arbeiten oft nicht vermeiden, oft sind sie jedoch durch unser Verhalten bedingt oder wir fördern sie gar. Wer z.B.

17

jederzeit für jeden zu sprechen ist, muss sich nicht wundern, dass er nur noch dann konzentriert arbeiten kann, wenn keiner da ist, der ihn stören kann.

2.3 Konzentration als Zustand und als Persönlichkeitsmerkmal

Schon die ersten Konzentrationstests wurden im vorigen Jahrhundert konzipiert und eingesetzt, um (a) Bedingungen menschlicher Leistungen zu untersuchen wie Übung, Ermüdung, Wirkung von Drogen und (b) um Persönlichkeitsmerkmale zu messen (vgl. Bartenwerfer, 1964). Konzentration wurde also seit Beginn der wissenschaftlichen Psychologie als momentaner Zustand eines Menschen und auch als ein Persönlichkeitsmerkmal angesehen. Persönlichkeitsmerkmale zeichnen sich dadurch aus, dass sie drei Kriterien erfüllen: Stabilität, Generalität und Universalität. Dies bedeutet, dass sie zumindest über eine gewisse Zeit hinweg in ihrer Ausprägung gleich bleiben, also stabil sind. Weiter sollte sich die gleiche Ausprägung über verschiedene Situationen oder Klassen von Situationen hinweg zeigen, dann handelt es sich um ein generelles Merkmal. Und nicht zuletzt sollten sich alle Menschen auf diesem Merkmal einordnen lassen, es sollte also ein universelles Merkmal von Menschen sein. Bei der Konzentration scheint es sich nun – wenn überhaupt – um ein besonderes Persönlichkeitsmerkmal zu handeln. Einerseits wissen wir, dass die individuelle Konzentrationsleistung stark schwanken kann. Andererseits geht man im Alltag und in der Wissenschaft davon aus, dass Menschen sich systematisch hinsichtlich ihrer Konzentrationsfähigkeit unterscheiden. Es gibt nach dieser Auffassung Menschen, die sich zu verschiedenen Zeitpunkten und in verschiedenen Klassen von Situationen besser als andere Menschen konzentrieren können. Die aktuelle Konzentrationsleistung eines Menschen hängt von der Ausprägung der Konzentrationsfähigkeit einerseits und einer Reihe von situativen Bedingungen andererseits ab. Auf die letzteren werden wir weiter unten näher eingehen (vgl. Kapitel 3) und darstellen, was konzentriertes Arbeiten unterstützt und was es beeinträchtigt.
Will man untersuchen, wie sich verschiedene Arbeitsbedingungen auf das konzentrierte Arbeiten auswirken, so muss man in einem Experiment Personen nach Zufall den zu untersuchenden Arbeitsbedingungen zuweisen und dann prüfen, wie die Konzentrationsleistungen unter den verschiedenen Arbeitsbedingungen aussehen. Bei der *Messung* des Persönlichkeitsmerkmals Konzentration hingegen versucht man, die Wirkung all derjenigen Bedingungen zu minimieren, welche die Messung systematisch verfälschen können. Hierauf

kommen wir weiter unten noch zurück (vgl. Kap. 4), wenn wir die Frage beantworten, was Konzentrationstests messen.

2.4 Zentrale Merkmale der Konzentration

Plude und Hoyer (1985, S. 49 ff.) berichten, dass schon James (1890) „effortful attention" beschrieben hat und postulieren einen zentralen Prozessor oder eine allgemeine Kapazität, die Handlungsabläufe kontrolliert und koordiniert. Voraussetzung dafür, dass etwas koordiniert werden muss, sind mindestens zwei miteinander konkurrierende Handlungsmöglichkeiten. Pribram und McGuinness (1975) nehmen zwei grundlegende energetisierende Mechanismen an, von denen der erste, arousal, sich auf den Input bezieht und der zweite, activation, auf den Output. Gopher und Sanders (1984, S. 243) nehmen weiter einen koordinierenden Mechanismus an, dessen Einsatz anstrengt. Sie betonen, dass der Einsatz von Anstrengung in starkem Maße von der Motivation im Sinne der Bewertung (evaluation) abhängt. Dieser Mechanismus einer willentlich kontrollierten Anstrengung für Koordination und Kontrolle ist für sie einem Ressourcen zuweisenden Mechanismus sehr ähnlich.
Seit Shiffrin und Schneider (1977) unterscheidet man in der Literatur die kontrollierte Verarbeitung von Informationen von der automatisierten. Dabei gibt es nach Norman und Shallice (1986, S. 1 f.) folgende vier Bedeutungen von automatisch: (a) Aufgaben können ausgeführt werden, ohne dass das Individuum dies bemerkt. (b) Eine Handlung kann unabsichtlich begonnen werden. (c) Es handelt sich um eine Orientierungsreaktion ohne absichtliche Kontrolle über die Richtung der Aufmerksamkeit. (d) Eine Aufgabe kann erledigt werden, ohne dass ihre Ausführung mit der anderer Aufgaben interferiert. Die kontrollierte (controlled) Verarbeitung von Information zeichnet sich vor allem dadurch aus, dass sie anstrengend (effortful) ist (Davies, Jones & Taylor, 1984, S. 400; Hasher & Zacks, 1979). Ackerman und Schneider (1985, S. 41) beschreiben sowohl die automatisierte als auch die kontrollierte Verarbeitung: „Automatic processing is a fast, parallel, fairly effortless process that is not limited by short-term memory capacity, is not under direct subject control, and is used in performing well-developed skilled behaviors. ... Controlled processing is a slow, effortful, capacity-limited, subject-controlled processing mode that is used to deal with novel, inconsistent, or poorly learned information."
Norman und Shallice (1986) gehen davon aus, dass individuelle Handlungssequenzen aus einer Menge von aktiven Schemata bestehen. Diese Schemata werden für Handlungssequenzen ausgewählt, koordiniert aktiviert, und ihr

Ablauf wird kontrolliert. Da der Begriff Aktionsmuster eher sich selbst erklärt, ist er dem Terminus Schema vorzuziehen, der in der psychologischen Literatur in mehreren Bedeutungen verwendet wird (Westhoff, 1992). Während die selektive Aufmerksamkeit häufig automatisch und unbewusst arbeitet, ist in vielen Situationen eine absichtlich kontrollierte Entscheidung zur Ausführung bestimmter Handlungen erforderlich. Dies beschreiben Posner und Rafal (1987, S. 185 f.) an einem Beispiel und nennen es „effortful concentration". Man kann daraus schließen, dass für Posner und Rafal Konzentration eine absichtliche, kontrollierende, anstrengende Koordination von Handlungen ist. Will man nicht einen eigenen zentralen Koordinationsmechanismus Konzentration wie Westhoff (1992) annehmen, weil sich die Gefahr eines theoretisch eingeführten Homunkulus zeigt, so kann man das konzentrierte Handeln einer Person dennoch folgendermaßen kennzeichnen: Eine konzentriert handelnde Person wählt Aktionsmuster bewusst und absichtsvoll aus und koordiniert sie. Dabei werden bereitliegende Aktionsmuster ausgewählt, energetisiert und ihr Ablauf über die Wahrnehmung kontrolliert. Die konzentriert handelnde Person aktiviert, koordiniert und kontrolliert Aktionsmuster in zeitlich möglichst geringem Abstand. Diese Aktionsmuster beanspruchen sehr wenig Kapazität des Kurzzeitgedächtnisses, da das Individuum sie immer wieder extern abrufen kann oder sie im Langzeitgedächtnis hoch verfügbar sind. Die zu koordinierenden Aktionsmuster können automatisiert sein, ihre Koordination erfolgt aber immer absichtsvoll und bewusst. Dieses konzentrierte Handeln erleben Menschen als anstrengend und ermüdend.

Wir definieren also die Konzentration als die absichtsvolle nicht automatisierte Koordination von Handlungsteilen und deren kontrollierte Ausführung. Das nun folgende Akku-Modell der Konzentration soll diese Vorstellung verdeutlichen.

2.5 Das Akku-Modell der Konzentration

Konzentriertes Handeln kann man sich vorstellen wie die um Zusatzfunktionen erweiterte Arbeitsweise eines Akkus in einer modernen Kamera. Ein solcher Akku versorgt die in der Kamera programmierten Aktionsmuster mit Energie, z.B. das Blitzlicht. Ein solcher Akku hat aber nicht nur das Blitzlicht, sondern eine Reihe von Aktionsmustern der Kamera in einer koordinierten Weise mit Energie zu versehen und ermöglicht damit, dass diese ablaufen können. Zusätzlich nehmen wir hier an, dass der Akku auch diese Aktionsmuster koordiniert und ihren Ablauf kontrolliert (vgl. Westhoff, 1992).

Bekanntlich gibt es unterschiedlich starke Akkus. Stärkere Akkus können in kürzerer Zeit mehr Aktionsmuster mit Energie versehen und sie dadurch ablaufen lassen. Schwächere Akkus brauchen zwischen den einzelnen Aktivierungsvorgängen längere Erholungspausen. Jeder Akku ermüdet durch den Gebrauch, d.h. er braucht zunehmend längere Erholungspausen, aber er ist auch wieder aufladbar. Bei unterschiedlichen Bedingungen, Temperaturen z.B., arbeiten Akkus unterschiedlich gut. Übertragen auf die menschliche Konzentration bedeutet dies, dass Menschen sich von Natur aus unterscheiden in der Stärke ihrer Konzentration. Zusätzlich gibt es bei jedem Menschen Schwankungen im konzentrierten Handeln, die sowohl von den bisher geleisteten Arbeiten als auch von den Arbeitsbedingungen abhängen.

Unterschiedlich starke Akkus energetisieren nicht nur unterschiedlich viele Aktionsmuster pro Zeiteinheit, sondern die Energie kann pro Aktionsmuster höher oder niedriger sein. Zusätzlich kann der Akku Fehler bei der Koordination machen, d.h. zu einem bestimmten Zeitpunkt im Prozess die falschen Aktionsmuster aktivieren. Nimmt man weiter an, dass die Kamera intern oder extern auch von anderen Quellen mit Strom versorgt werden kann, dann ist vorstellbar, dass diese Ströme ebenfalls die bereitliegenden Aktionsmuster energetisieren können. Dies kann dann geschehen, wenn die Aktionsmuster von diesen Strömen nicht richtig abgeschirmt werden. Wenn ein Aktionsmuster nur schwach energetisiert ist, dann kann ein anderes, das durch Fehlströme aktiviert ist, an seiner Stelle ablaufen. Man kann sich so mit Hilfe des Akku-Modells der Konzentration auch wichtige Aspekte von Konzentrationsfehlern veranschaulichen.

Weiter verdeutlicht das Akku-Modell der Konzentration die Belastbarkeit der Konzentration. Je länger ein Individuum bei subjektiv maximaler Geschwindigkeit und möglichst wenig Fehlern handeln kann, umso belastbarer ist seine Konzentration.

3 Was unterstützt und was beeinträchtigt konzentriertes Arbeiten?

Das Wissen darüber, was Konzentration „ist", ist noch zu gering, um sagen zu können, was „die" Konzentration fördert oder hindert. Aus alltäglichen Beobachtungen können wir aber sehr wohl jederzeit schließen, was unser konzentriertes Arbeiten fördert oder hindert. Die Anzahl möglicher Bedingungen ist allerdings so groß, dass wir uns der Verhaltensgleichung von Westhoff und Kluck (2003, S. 25 ff.) bedienen wollen, um das Universum möglicher Bedingungen zu strukturieren.

$$V = f_I (U, O, K, E, M, S)$$

Nach dieser Gleichung ist Verhalten – hier das konzentrierte Arbeiten – eine Funktion folgender Gruppen von Bedingungen: Umgebungsbedingungen (U), Organismusbedingungen (O), Kognitive Bedingungen (K), Emotionale Bedingungen (E), Motivationale Bedingungen (M), Soziale Bedingungen (S) und deren Wechselwirkungen, was das Subskript I anzeigt. Dabei sind die ersten beiden Gruppen von Bedingungen (U und O) nichtpsychologische und fassen die Umgebungsbedingungen und die körperlichen Bedingungen für Verhalten zusammen. Die psychologischen Bedingungsgruppen (K, E, M, S) beziehen sich auf kognitive, emotionale, motivationale und soziale Bedingungen, deren Ausprägungen für ein bestimmtes Verhalten – hier das konzentrierte Arbeiten – von Bedeutung sein kann.

3.1 Umgebungsbedingungen

Aus der alltäglichen Erfahrung weiß jeder, dass *Geräusche* das konzentrierte Arbeiten mehr oder weniger stark stören können. Dabei spielt die Bewertung des Geräuschs durch den Arbeitenden eine entscheidende Rolle: angenehm empfundene Geräusche stören subjektiv in gewissen Grenzen das konzentrierte Arbeiten nicht, unangenehm erlebte Geräusche allerdings wohl. Jugendliche und ihre Eltern bewerten *Musik* bei der Erledigung von Hausaufgaben oft gegensätzlich. Viele Kinder behaupten, dass sie mit Musik besser geistig arbeiten könnten. Dies kann allerdings nur so sein, wenn sie der Musik keine besondere Aufmerksamkeit schenken, so dass man sich fragt, wozu sie dann läuft. Eine ganz alltägliche Beobachtung stellt diese Behauptung zusätzlich in Frage: Kommen Autofahrer in einer fremden Stadt in schwierige Situationen, so stellen sie das Radio ab. Das Hören auch von wenig beachteter Musik scheint demnach doch unsere Konzentration von den eigentlichen Aufgaben abzulenken.

Unterbrechungen der Arbeit von außen durch z.B. Anrufe oder Besuche machen jedesmal eine erneute Einstellung auf die eigentliche Arbeit notwendig. Mit zunehmender Häufigkeit oder Intensität der zwischenzeitlichen Inanspruchnahme durch andere Aktivitäten wird ein konzentriertes Arbeiten immer weniger möglich. Die Organisation moderner Büroarbeit scheint zudem vor einem immer größer werdenden Problem zu stehen: einer anschwellenden Flut von E-mails.

3.2 Körperliche Bedingungen

Alles, was uns optimal leistungsfähig sein lässt, scheint das konzentrierte Arbeiten zu unterstützen: das richtige und genügende *Essen* und *Trinken*, der richtige und ausreichende *Schlaf*, die richtige und ausreichende *Bewegung*, sowie optimale Versorgung mit *Sauerstoff*. Sportliche Betätigung fördert das konzentrierte Arbeiten also durch die körperliche Bewegung und die bessere Versorgung mit Sauerstoff. Es handelt sich in allen diesen Fällen um die *Aufrechterhaltung der Homöostase* in unserem Körper. Jedes Zuviel wie auch jedes Zuwenig beeinträchtigt das konzentrierte Arbeiten.

Hinzu kommt, dass die mentale Hinwendung zu den sportlichen Aktivitäten eine geistige Abwechslung bietet.

Medikamente und Drogen können wirksam in Körperfunktionen eingreifen und das konzentrierte Arbeiten zeitweise unterstützen oder beeinträchtigen. Es würde hier zu weit führen, auf diese Stoffe und ihre kurz- und längerfristigen Wirkungen näher einzugehen. Es gibt jedoch keine Stoffe, die ineffiziente Arbeitsweisen zu effizienten werden lassen. Wenn also Störungen des konzentrierten Arbeitens an ineffizienten Arbeitsweisen liegen, dann sind diese zu

verbessern und nicht der Körper vorübergehend hochzuputschen. Letzteres ist längerfristig immer schädlich.
Jeder hat selbst schon erfahren, dass *Krankheiten und Schmerzen* das konzentrierte Arbeiten beeinträchtigen. Allerdings wurde unseres Wissens noch nicht systematisch untersucht, wie sich Krankheiten und Schmerzen auf das konzentrierte Arbeiten auswirken. Ein Spezialfall in der öffentlichen Wahrnehmung sind mittlere bis starke chronische Schmerzen. Hier scheint man immer davon auszugehen, dass diese z.b. das konzentrierte Autofahren nicht behindern. Wohl aber scheint man zu befürchten, dass eine wirksame medikamentöse Versorgung mit Opioiden dies tut. Es ist allerdings noch zu prüfen, ob nicht Patienten durch schwere chronische Schmerzen hinsichtlich ihrer Konzentrationsleistungen mehr beeinträchtigt sind, wenn diese nicht zufrieden stellend behandelt sind, als wenn sie erfolgreich mit einem Opioid behandelt wurden.

3.3 Kognitive Bedingungen

Kognitive Bedingungen beziehen sich auf Aspekte der geistigen Leistungsfähigkeit. *Intelligenz* und Konzentration korrelieren positiv miteinander. Dabei scheint es so zu sein, dass Konzentration mit ihren verschiedenen Aspekten eher – so wie Gedächtnisleistungen auch – eine notwendige Bedingung für Intelligenzleistungen ist.
Intellektuelle Unterforderung kann, wenn auch aus anderen Gründen, wie *intellektuelle Überforderung* zu mangelnder Konzentriertheit beim geistigen Arbeiten führen. Unterforderung dürfte eher durch Langeweile, Überforderung eher durch besorgte Beschäftigung mit der eigenen Situation zu unkonzentriertem Arbeiten führen.
Intelligentere Menschen schaffen sich vermutlich bessere Bedingungen für konzentriertes Arbeiten. Ihre gewohnheitsmäßige Art zu arbeiten, d.h. ihr *Arbeitsstil*, dürfte eher so sein, dass er ein konzentriertes Arbeiten unterstützt, also z.b. effiziente *Arbeitstechniken* eingesetzt werden. Auf den Arbeitsstil werden wir weiter unten in einem eigenen Kapitel eingehen. Dabei ermöglicht ein Leitfaden für ein entscheidungsorientiertes psychologisch-diagnostisches Gespräch auch jedem Nichtpsychologen, seinen eigenen Arbeitsstil auf den Prüfstand zu stellen.
Abwechslung scheint eine wichtige Bedingung dafür zu sein, dass wir konzentriert arbeiten können. Gute Lehrer wechseln deshalb auch mehrfach die Unterrichtsmethoden in einer Stunde. Auch für Erwachsene ist es äußerst schwierig, sich unter *Monotoniebedingungen* länger zu konzentrieren. Dies kann man z.B.

jederzeit an ihrem Verhalten bei langweiligen oder auch nur monoton gehaltenen Vorträgen beobachten. Unter monotonen Wahrnehmungsbedingungen wie z.b. dem Beobachten eines Radarschirms oder der stundenlangen Suche nach Schiffbrüchigen vom Flugzeug aus, kommt es bei Menschen im Durchschnitt nach etwa 20 Minuten zum Vigilanzabfall (vigilance decrement). Das heißt, die Entdeckungsleistungen nehmen deutlich ab.

Die oben schon erwähnten sportlichen Aktivitäten erfüllen neben den dort beschriebenen Funktionen in aller Regel auch die der Abwechslung von der bisher verfolgten Tätigkeit. *Sport* kommt also auch unter dem Aspekt der Abwechslung eine konzentrationsfördernde Funktion zu.

Der nicht erzwungene Wechsel von einer Tätigkeit zu einer anderen dürfte nicht nur der *Ermüdung,* sondern auch der *psychischen Sättigung* entgegenwirken. Insofern kommen den *Pausen* beim konzentrierten Arbeiten eine ganz besondere Bedeutung zu. Sie müssen allerdings so rechtzeitig eingelegt werden, dass man eigentlich lieber weiterarbeiten würde. Nur dann ist gewährleistet, dass man nicht schon zu sehr ermüdet oder psychisch von der Tätigkeit gesättigt ist. Außerdem geht man dann wieder gern an die Arbeit, weil man damit den Eindruck einer unerledigten Handlung beenden kann.

Erzwungene Wechsel von einer Tätigkeit auf eine andere werden meist als Störungen des konzentrierten Arbeitens erlebt. Besucher, eingehende Telefonate, Faxe und E-mails unterbrechen in Büros die gerade laufenden Tätigkeiten. Es lässt sich überall beobachten, dass dies zu Fehlhandlungen und Problemen bei der Wiederaufnahme der unterbrochenen Tätigkeit führt. Bezeichnenderweise sorgen Angehörige solcher Berufsgruppen – man denke z.B. an Chirurgen –, die maximal konzentriert arbeiten müssen, dafür, dass sie nicht bei ihrer Arbeit unterbrochen werden können. Auch für kreative – z.B. wissenschaftliche – Tätigkeiten sind erzwungene Wechsel kontraproduktiv.

3.4 Emotionale Bedingungen

Menschen reagieren mit ihren *Gefühlen* unterschiedlich empfindlich, gehen verschieden damit um und können, wenn sie intensive Gefühle wie Liebe, Hass, Wut, Angst, Ärger oder Schuld erleben, sich sehr unterschiedlich gut auf ihre Arbeit konzentrieren.

Jeder kennt Menschen mit sehr unterschiedlicher *emotionaler Belastbarkeit.* Da sind auf der einen Seite die zart besaiteten, empfindsamen Mitmenschen und am anderen Ende dieser Dimension finden wir die „mit einem dicken Fell". Während die einen immer wieder von ihren Gefühlen im konzentrierten

Arbeiten unterbrochen werden, sind die anderen nach einer relativ kurzen Zeit wieder in einem ausgeglichenen Zustand, der ein ungestörtes Arbeiten ermöglicht.
Auch wenn Menschen sich von Natur aus in ihrer emotionalen Belastbarkeit unterscheiden, so ist daneben von Bedeutung, wie sie mit ihren Gefühlen umgehen. Dieses *Umgehen mit Gefühlen* lernen wir. Folglich gibt es unterschiedlich effiziente Arten mit seinen Gefühlen umzugehen, je nachdem, was man u.a. von Vorbildern gelernt hat. Unbewältigte *Probleme* erzeugen u.a. Gefühle, die das konzentrierte Arbeiten mehr oder weniger stark stören können. So kommt es, dass eine ganze Reihe von psychologischen Therapierichtungen Klienten anbieten zu helfen, ihre Probleme zu lösen oder zu akzeptieren und mit ihren Gefühlen besser umzugehen.

3.5 Motivationale Bedingungen

Unter der Motivation eines Menschen versteht man ein ganzes Bündel von Bedingungen, die Antwort darauf geben, wozu oder warum Menschen etwas tun. Individuelles Verhalten ist immer zielgerichtet, in die Zukunft orientiert, möchte bestimmte Zustände erhalten, geht von bestimmten Überzeugungen aus und wird von Erfahrungen beeinflusst.
Jeder Mensch verfolgt beständig *Ziele, Absichten oder Wünsche*. Eines davon kann sein, konzentriert zu arbeiten, und alles dafür zu tun, dass dies realisiert werden kann. Dies kann im Konflikt sein mit vielen anderen Zielen und Absichten, so dass man sich dauernd entscheiden muss, welches Ziel man anstrebt oder welche Absicht man gerade verfolgt.
Menschen stellen sich immer wieder ihre nähere und fernere Zukunft vor, haben *Erwartungen*. Diese Vorstellungen von möglichen zukünftigen Ereignissen steuern unser Verhalten u.a. durch die individuelle Bewertung eines vorgestellten Ereignisses und seine antizipierte Auftretenswahrscheinlichkeit. Die Beschäftigung mit möglichen zukünftigen Ereignissen während einer Tätigkeit ist ein Zeichen für Unkonzentriertheit in dieser Situation. Dass es zu solchen von innen kommenden Ablenkungen kommen kann, kann man sich mit den nun im Folgenden dargestellten beiden Konstrukten erklären.
Alles, was wir erhalten sehen möchten, ist für uns ein *Wert*. Ein Wert ist keineswegs immer materieller Art, sondern immaterielle Werte wie Gesundheit, Freundschaft oder Liebe sind für uns zentral. Erleben wir Werte als bedroht, dann kann es dazu führen, dass wir weniger konzentriert arbeiten, weil wir immer wieder an den möglichen Wertverlust denken müssen, oder was wir

dagegen tun könnten. Im Extremfall geben wir die gerade verfolgte Tätigkeit ganz auf, um etwas zu bewahren, das uns wertvoll ist.
Jeder Mensch entwickelt in seinem Leben eine ganze Reihe von *Überzeugungen*, die sein Verhalten steuern. Dabei handelt es sich um schwer veränderbare Ansichten über sich selbst, andere Personen(-gruppen) und Sachverhalte wie z.b. Normen und was normgerechtes Verhalten ist. Jeder Einzelne hat – wie jedes System – eine Tendenz zur Beharrung. Dies kostet in einer dynamischen Welt Aufwand, der u.u. intermittierend zur gerade verfolgten Tätigkeit geleistet werden muss. Wenn wir also unsere Überzeugungen durchsetzen wollen, dann sind wir gezwungen, etwas dafür zu tun, manchmal sogar sofort, und das unterbricht dann die gerade verfolgte Tätigkeit.
Unsere Erfahrungen entstehen durch *Lernen am Erfolg* bzw. Misserfolg. So können wir auch lernen, was konzentriertes Arbeiten unterstützt und was es beeinträchtigt. Dabei können wir bestimmte Ereignisse aber irrtümlich auf die falschen Bedingungen zurückführen, wie es z.b. beim Aufbau abergläubischen Verhaltens der Fall ist. An der berühmten Zigarettenpause kann allenfalls die Pause entspannend sein, nicht aber die Zigarette. Diese führt physiologisch bedingt immer zu einer Erhöhung der Anspannung, die das konzentrierte Arbeiten kurzfristig erleichtern kann. In aller Regel dürfte eine Zigarette aber primär dadurch das konzentrierte Arbeiten fördern, dass die störenden Entzugserscheinungen für eine kurze Zeit entfallen.
Durch *Lernen am Modell* machen wir Erfahrungen, indem wir andere beobachten. Dies kann im günstigen Fall dazu führen, dass wir gute Vorbilder für konzentriertes Arbeiten erleben. Im ungünstigen Fall sind die Modellpersonen jedoch solche mit mehr oder weniger vielen Mängeln in ihrer Arbeitsweise. Bei vielen Kindern, die wegen Konzentrationsproblemen in Beratungsstellen vorgestellt werden, zeigen auch entscheidende Personen in ihrer Umgebung ein wenig konzentriertes Arbeitsverhalten.
Etwas, womit wir uns gern beschäftigen, nennen wir ein *Interesse*. Sich mit interessierenden Tätigkeiten zu beschäftigen, hat belohnenden Charakter. Interessante Tätigkeiten können wir deshalb als Verstärker für konzentriertes Arbeiten einsetzen. Viele Menschen hören daher gern Musik in ihren Pausen. Besonders problematisch sind Konzentrationsstörungen dann, wenn sie selbst bei solchen Tätigkeiten zu beobachten sind, die jemand als wirklich interessant erlebt.

3.6 Soziale Bedingungen

Das Verhalten von Menschen wird immer durch das anderer beeinflusst. Wir lernen von ihnen, was „man" tut und was nicht, sowie was man von bestimmten Personen, Handlungen und Sachverhalten hält. Unser gesamtes Verhalten wird mitbestimmt von dem, was andere, insbesondere diejenigen, die für uns bedeutsam und ein Vorbild sind, tun oder sagen.

Schon früh lernen Kinder, andere beim Spielen nicht zu stören. Sie lernen *Normen*, die sich u.a. auf das konzentrierte Spielen und später Arbeiten beziehen. Dazu gehört beispielsweise, dass man andere nicht stört, dass man etwas zu Ende bringt oder dass man aufräumt. Lernen Kinder solche Normen oder Regeln nicht, dann wird dies in der Schule zu Problemen führen.

Kinder lernen von ihrer Umgebung auch *Einstellungen*, z.B. zum Arbeiten. Wenn sie also beobachten können, dass man in ihrer Umgebung das Arbeiten als belastend und nicht als erfüllend erlebt, dass man Arbeit ablehnt und vermeidet, dass Kinder nicht arbeiten sollen, dann wird dies ihre Einstellung zur Arbeit in der Schule wie auch zu den Hausaufgaben kennzeichnen. Das vernünftige Verbot der Kinderarbeit bezieht sich auf Erwerbstätigkeit von Kindern. Allerdings wird Kindern immer wieder der Irrglaube suggeriert, dass alles immer sofort und nur Spaß machen muss. Jeder, der eine für ihn attraktive Sportart lernt, erfährt aber zunächst einmal, dass das Lernen eine mühevolle und wenig spaßige Angelegenheit sein kann. Kinder müssen also lernen zu lernen, und dazu gehört, dass man nicht vorzeitig aufgibt, wenn nicht sofort die Freude am Gelingen weiterhilft. Diese Grundhaltung kann man bei sehr kleinen Kindern immer beobachten, sie geht bei vielen später erkennbar durch soziale Einflüsse verloren.

Neben den Eltern oder sonstigen Bezugspersonen gehören für Kinder andere Kinder zu den Menschen, an deren Verhalten sie sich ausrichten. Kinder beobachten schon sehr früh und sehr genau, was andere tun oder sagen. Zu diesen *bedeutsamen anderen* gehören in einem erweiterten Sinne auch die in den *Medien* zu beobachtenden Personen. Diese zeigen medienbedingt ein mehr oder weniger verzerrtes Modellverhalten. Manche Verzerrung können Kinder leicht erkennen, weil sie realistische Vergleichsmöglichkeiten haben. Darstellungen des Arbeitens können sie allerdings nur schlecht mit der Realität vergleichen, weil sie kaum mehr andere beim z.B. konzentrierten Arbeiten beobachten können.

Das konzentrierte Arbeiten ist eine hochkomplexe Tätigkeit, bei der viele Aspekte eine Rolle spielen. Solche komplexen Verhaltensweisen lernen Menschen am einfachsten durch die Beobachtung von guten Vorbildern; je weniger

Gelegenheit Kinder und auch Erwachsene dazu haben, umso eher sind sie der Ansicht, dass ihr unkonzentriertes bis fahriges Verhalten völlig in Ordnung ist. So bekommen Kinder häufig zuerst in der Schule unangenehme Rückmeldungen zu ihrem unkonzentrierten Arbeitsverhalten. Bei Erwachsenen sind die Rückmeldungen auf unkonzentriertes Arbeiten manchmal drastisch: z.B. Unfälle aufgrund mobilen Telefonierens beim Autofahren.

Konzentrationstests und ihre Anwendung

4 Was messen Konzentrationstests?

4.1 Messen von Konzentration

Die Messung der Konzentrationsfähigkeit eines Individuums ist umso valider, je weniger sie durch systematisch kovariierende Bedingungen verfälscht wird. Solche Bedingungen sind: (a) hirnorganische Funktionsstörungen, (b) Wahrnehmung, (c) Gedächtnis, (d) Lernen, (e) Lösen von Problemen, (f) Motivation. Hinzu kommen Unterschiede der zu testenden Personen in den Testaufgaben hinsichtlich ihrer (g) Strategien und (h) Geübtheit.
Wenn man die Konzentrationsfähigkeit eines Menschen gültig messen will, so muss man darauf achten, dass nichts anderes mit gemessen oder gar etwas völlig anderes erfasst wird. Liegen hirnorganische Störungen vor, so kann die Konzentration nicht für den gesunden Zustand gültig gemessen werden. Bekannte Bedingungen, die teilweise oder ganz anstelle von Konzentration mit sogenannten allgemeinen Leistungstests erfasst werden können, sind bestimmte Aspekte des Wahrnehmens, des Gedächtnisses, des Lernens, des Lösens von Problemen und der Motivation. Ferner ist darauf zu achten, ob die zu untersuchenden Personen mit den einzusetzenden Tests selbst oder sehr ähnlichen Tests schon vertraut sind, so dass sie diese geübt haben oder gar Strategien zu ihrer möglichst effizienten Bearbeitung entwickelt haben. Auf diese Bedingungen wollen wir nun näher eingehen.

Hirnorganische Gesundheit

Konzentration hängt immer ganz entscheidend davon ab, dass die zu untersuchende Person hirnorganisch gesund ist. Akute oder chronische Störungen der gesunden Hirnfunktionen z.B. durch Mangelversorgungen resultieren immer in mehr oder weniger schwerwiegenden Konzentrationsstörungen. Ist ein Proband hirnorganisch krank, dann kann von seinen Konzentrationsleistungen nicht auf die geschlossen werden, die er als Gesunder erbringen kann.

Wie weit sich andere Krankheiten oder akute oder chronische Schmerzen beeinträchtigend auf Konzentrationsleistungen auswirken, ist unseres Wissens bis heute nicht systematisch untersucht, obwohl die alltäglichen Beobachtungen dafür sprechen, dass alle Erkrankungen und Schmerzen die Konzentrationsleistungen mindern. Von Opioiden hingegen, die nachweislich schwere chronische Schmerzen erfolgreich mindern können, wird allerdings befürchtet, dass sie die Konzentration z.b. im Straßenverkehr gefährden. Es ist allerdings noch zu prüfen, ob nicht Patienten durch schwere chronische Schmerzen hinsichtlich ihrer Konzentrationsleistungen mehr beeinträchtigt sind, wenn diese nicht zufrieden stellend behandelt sind, als wenn sie erfolgreich mit einem Opioid behandelt wurden.

Wahrnehmung: Tempo der Aufgabendarbietung

Aus dem Akku-Modell der Konzentration ergibt sich, dass man Konzentration nur im Bereich des persönlichen Tempos eines Individuums messen kann. Bei zu wenig Aufgaben pro Zeiteinheit könnte sich der Akku erholen, und man würde deshalb nicht seine Stärke messen. Hinzu kommt, dass dann keine konzentrierte Arbeitsweise verlangt wäre in dem Sinne, dass der Proband vorgegebene Aufgaben so schnell wie möglich richtig zu erledigen hätte. Beim konzentrierten Handeln werden Informationen also im Sinne von Norman und Bobrow (1975) (vgl. Wickens, 1984, S. 295) resource-limited und bei Aufgaben, die nicht dem individuellen Tempo entsprechen, data-limited verarbeitet. Bei zu vielen Aufgaben pro Zeiteinheit arbeitet ein Akku nicht schneller, als es seine Stärke erlaubt, d.h. er kann den Anforderungen nur zum Teil entsprechen. Konzentrationstests verlangen daher entweder vom Probanden möglichst schnell und richtig zu arbeiten, d.h. mit einem von ihm selbst gewählten Tempo (self-paced), oder sie geben dem Probanden ein Tempo im Bereich seines individuellen Tempos vor (force-paced).

Wahrnehmung: Erkennbarkeit der Aufgaben

Wenn man die Konzentration messen will, müssen alle anderen oben genannten Bedingungen für alle Personen möglichst auf dem gleichen Niveau konstant gehalten werden. So muss z.B. eine völlig eindeutige und nicht erschwerte Wahrnehmung der Reize gewährleistet sein. In vielen Vigilanzaufgaben sind die Signale schwer zu entdecken, da sie im „Rauschen" fast untergehen. Aus diesem Grunde sind solche Aufgaben nicht zur Messung von Konzentration geeignet.

Gedächtnis

Wenn Aufgaben kurzfristige Gedächtnisprozesse verlangen, in denen bei Gesunden deutliche interindividuelle Unterschiede bestehen, dann kann man mit solchen Aufgaben nicht die Konzentration messen. Beispiele hierfür sind der Bourdontest mit Figuren (Bourdon, 1972) oder die Zahlensymboltests in den Intelligenztests von Wechsler.

Lernfähigkeit

Die Lernfähigkeit, die nicht mit allgemeiner Intelligenz gleichgesetzt werden kann (Rabbitt, 1988), ist sicher eine für viele Leistungen wichtige Voraussetzung. Verlangen Tests von Probanden aber Lernleistungen, dann sind sie keine Konzentrationstests. Ist die Fähigkeit zur Lösung komplexer Probleme oder Intelligenz bei weniger komplexen Problemen zur Bearbeitung von Aufgaben einzusetzen, dann eignen sie sich nicht zur Messung der Konzentration.

Strategien der Testbearbeitung

Tests können ferner nur dann hinreichend rein die Konzentration erfassen, wenn verschiedene Probanden sie nicht mit sehr unterschiedlich effektiven Strategien bearbeiten können. Dies verlangt Tests, die für Hirngesunde relativ einfach sind, denn bei komplexeren Tests bieten sich in der Regel mehrere Strategien zu ihrer Bearbeitung an. Es gibt allerdings auch auf dem Markt befindliche Konzentrationstests, die mit sehr unterschiedlichen Strategien mehr oder weniger erfolgreich bearbeitet werden können. Ein Beispiel hierfür ist der Test d2 und die zwischen Oehlschlägel und Moosbrugger (z.B. 1991a und b) einerseits und dem Autor des Test d2, Brickenkamp (z.B. 1991a und b, 1993, 2002), in der Literatur hierzu geführte Diskussion um die praktische diagnostische Bedeutung möglicher unterschiedlicher Strategien bei der Bearbeitung des Test d2.

Geübtheit

Ein offenkundig schon seit Anfang der Konzentrationsforschung von vielen Testautoren erkanntes Problem ist das der Übung oder des Trainings. Die meisten Konzentrationstests verwenden daher einfache Aufgaben, die den Probanden aus dem Alltag wohl vertraut sind. Dabei müssen die Testautoren annehmen, dass die zu testenden Personen in den Aufgaben bis auf zu vernachlässigende Unterschiede gleich hoch geübt sind. Diese Annahme ist z.b. für Konzentrationstests, die mit einfachen Rechenaufgaben arbeiten, erkennbar nicht immer zutreffend. Hinzu kommt, dass Personen, die einen der üblichen Konzentrationstests mehrfach, z.B. bei mehreren Eignungsuntersuchungen, bearbeiten, durch ihre zunehmende Geübtheit in diesem Test immer bessere Ergebnisse erzielen. Die Übungsgewinne sind in aller Regel mehr als drastisch. Die Normen, die an Stichproben erhoben wurden, die diesen Test nicht mehrfach durchgeführt haben, sind daher für geübte Testpersonen ungültig (Hagemeister, Scholz & Westhoff, 2002).

Motivation: Umgang mit Über- und Unterforderung

Mit sogenannten Determinationsgeräten kann nur im Aktionsversuch – dabei bestimmen die Probanden das Tempo selbst (self-paced tests) – die Konzentration gemessen werden. Im Reaktionsversuch wird die Geschwindigkeit der Zeichenfolge den Probanden vorgegeben (force-paced tests). Gibt das Gerät eine Geschwindigkeit der Aufgabenfolge im Bereich des persönlichen Tempos der Probanden vor, dann kann man Konzentration messen. Wird das persönliche Tempo der Probanden unter- oder überschritten, so misst man etwas anderes, z.B. wie jemand mit Unter- oder Überforderung umgeht, also vorwiegend motivationale Aspekte. Mierke (1955) hat deshalb für diese Geräte die Bezeichnung „Determinationsgeräte" eingeführt, weil er damit allgemeine Determinanten der Leistung, insbesondere der Willensleistung, analysieren wollte (Kisser, Krafack & Vaughan, 1986, S. 227).

Motivation: Bereitschaft, sich maximal anzustrengen

Die Instruktion ist in allen Konzentrationstests im Grunde genommen gleich. Der Proband soll die Aufgaben möglichst schnell und richtig bearbeiten. Nur wenn der Proband dies sich auch wirklich vornimmt und die ganze Testzeit über zu verwirklichen sucht, kann Konzentration gemessen werden. Er kann sich in seinen Testleistungen zwar nicht besser darstellen, als er wirklich ist, wohl aber kann er sich sehr viel schlechter darstellen. Dazu muss er einfach langsamer arbeiten und Fehler einbauen. Eine solche unpassende Testmotivation kann das Ergebnis der Messung völlig verfälschen.

4.2 Maße für Konzentration

Wollen wir mit einem Konzentrationstest die individuelle Ausprägung bestimmter Aspekte des konzentrierten Handelns erfassen und Aussagen machen, die sich nicht nur auf den momentanen Zustand der Konzentration beziehen, dann können wir nur solche Maße für Konzentration brauchen, welche die untersuchten Personen immer wieder gleich bzw. sehr ähnlich einstufen.

Die Wiederholungszuverlässigkeit oder Retest-Reliabilität

Alle von Testautoren vorgeschlagenen Maße für Konzentration müssen zu wiederholbaren Ergebnissen in dem Sinne führen, dass der Test die zu untersuchenden Personen bei der zweiten Testung wieder in eine möglichst ähnliche Rangordnung bringt wie bei der ersten Testung. Diese Ähnlichkeit der Rangordnungen der untersuchten Personen in einem bestimmten Maß für Konzentration gibt der Retest-Reliabilitäts-Koeffizient an. In den meisten Fällen ist dies der Produkt-Moment-Korrelationskoeffizient. Dieser wird umso geringer, je mehr Vertauschungen in der Rangordnung vorkommen. Ein Wert von 1,0 besagt, dass die Rangordnungen perfekt übereinstimmen, ein Wert von –1,0 besagt, dass die Rangordnung genau umgekehrt ist. Der Wert 0,00 besagt, dass kein Zusammenhang zwischen der Rangordnung beim ersten und zweiten Durchgang besteht.

Zunehmende Geübtheit durch wiederholte Testung

Aufgaben in Konzentrationstests bearbeiten die untersuchten Personen einfach dadurch besser, d.h. schneller und mit weniger Fehlern, dass derselbe Test noch einmal eingesetzt wird. Diese Verbesserung tritt bei allen Personen ein, wenn auch nicht in gleichem Maße. Personen mit besseren Anfangswerten verbessern ihren Wert für die Bearbeitung des gesamten Tests in der Regel durch die Wiederholung mehr als Personen mit schlechteren Anfangswerten. Hat eine Person allerdings schon bei der ersten Testung sehr wenige Fehler gemacht, so kann sie sich kaum noch verbessern (Dies ist ein Spezialfall der Ausgangswertproblematik). Die Verbesserungen wirken sich so lange nicht auf die mittels Korrelationskoeffizient bestimmte Wiederholungszuverlässigkeit eines Konzentrationstests aus, wie sich die Rangordnung der untersuchten Personen nicht ändert.

Tempo konzentrierten Arbeitens

Anhand des Akku-Modells der Konzentration lassen sich, wie wir oben gezeigt haben, die Maße für Konzentration veranschaulichen (Westhoff, 1992). Dabei ist zu beachten, dass bei jeder reinen Konzentrationsaufgabe wenigstens zwei Aktionsmuster oder Teilhandlungen zu koordinieren und zu kontrollieren sein müssen, ansonsten handelt es sich um eine einfache Reaktion (simple reaction). Koordination ist dann erforderlich, wenn zwischen mehreren Möglichkeiten gewählt werden muss (choice reaction). Es gibt zwei zuverlässige Maße für die Geschwindigkeit (speed) des konzentrierten Arbeitens: (1) Die Anzahl der pro Zeiteinheit *richtig* bearbeiteten Aufgaben. (2) Die Anzahl der pro Zeiteinheit *insgesamt* bearbeiteten Aufgaben (Westhoff, 1987), denn Fehler beim instruktionsgemäßen konzentrierten Arbeiten sind relativ seltene Ereignisse und somit ist die Differenz zwischen den *insgesamt* und den *richtig* bearbeiteten Aufgaben nicht groß.

Konzentrationsfehler

Konzentrationsfehler sind als relativ seltene Ereignisse nur dann ein zuverlässiges Maß für die individuelle Fehlerneigung beim konzentrierten Arbeiten, wenn sie über einen hinreichend langen Zeitraum gezählt werden (Westhoff & Hagemeister, 1992). Als Maße für die Fehlerneigung beim konzentrierten Arbeiten bieten sich an: (a) die Gesamtzahl aller Fehler und (b) der prozentuale Fehleranteil (F%). Da jedoch jemand den optimalen Fehlerwert von Null Fehlern in einem Konzentrationstest hätte, wenn er keine Aufgabe bearbeiten würde und damit auch keinen Fehler gemacht hätte, kann die Gesamtzahl aller Fehler kein sinnvolles Maß sein. Der prozentuale Fehleranteil hingegen relativiert die Anzahl der Fehler auf die Gesamtzahl aller bearbeiteten Aufgaben. Erst diese Relativierung lässt erkennen, wie viel Prozent Fehler auf wie viel bearbeitete Aufgaben festzustellen waren. Ein solches Maß für die von uns als interindividuell unterschiedlich angenommene Neigung zu Konzentrationsfehlern eignet sich als valider Prädiktor beruflicher Leistungen zumindest im Bereich des Führens von Kraftfahrzeugen, Eisenbahnen und Flugzeugen (Westhoff & Hagemeister, 1991).

Verlauf einer länger dauernden Konzentrationsleistung

Beim alltäglichen konzentrierten Handeln ist oft nicht nur die kurzfristige, sondern auch die länger dauernde Konzentration von besonderem Interesse. Am zeitlichen Verlauf einer Konzentrationsleistung kann man wie an einem Profil drei zentrale Merkmale unterscheiden: (1) die mittlere Höhe, (2) die Streuung und (3) die Gestalt.

Tempo und relativer Fehleranteil sind Ausdrücke für die mittlere Höhe des Verlaufs dieser beiden Konzentrationskennzeichen. Diese Maße wurden bisher in der Literatur am häufigsten verwendet. – Die Streuung, d.h. die Variabilität oder Gleichförmigkeit, des Leistungsverlaufs ist in der Konzentrations- und Aufmerksamkeitsforschung bis heute nicht systematisch untersucht worden. Es gibt aber wohl einige Ansätze dazu (Arnold, 1970; Brickenkamp, 1981). – Immer wieder finden sich, gerade in der älteren Literatur (siehe Bartenwerfer, 1964), Hinweise auf die diagnostische Bedeutung der Gestalt von Verläufen der Konzentrationsleistungen. Diese Verläufe werden allerdings ohne empirische Prüfung charakterologisch interpretiert (z.B. Arnold, 1970; Marschner, 1972). Arnold (1970) und Brickenkamp (1975) beschreiben mögliche Gestalten der Verläufe von Leistungen im Rechen-Konzentrationstest nach Pauli (Arnold, 1970). Nach den Beobachtungen von Freyberg (persönliche Mitteilung) sind bestimmte Verläufe im Bourdon-Freyberg Konzentrationstest (Westhoff & Freyberg, unveröffentlicht) diagnostische Hinweise auf mögliche hirnorganische Störungen. Eine systematische differentialpsychologische Untersuchung von Verläufen konzentrierten Handelns steht allerdings bis heute aus.

Unterschiede zwischen Verhalten in Konzentrationstests und alltäglichem konzentrierten Arbeiten

Die meisten modernen Konzentrationstests dauern nur wenige Minuten. In einer solchen Zeit kann jedoch nur die mittlere Geschwindigkeit der konzentrierten Bearbeitung mit der notwendigen Zuverlässigkeit gemessen werden (Westhoff & Hagemeister, 1992). Deren Variabilität und Gestalt über eine längere Zeit können in wenigen Minuten ebenso wenig zuverlässig erfasst werden wie der mittlere relative Fehleranteil, seine Variabilität und Gestalt. Die Beobachtungen des mehr oder weniger konzentrierten Arbeitens von Schülern in der Schule oder von Erwachsenen beim Arbeiten lässt jedoch vermuten, dass gerade die störenden und oft konsequenzenreichen Fehler im konzentrierten Arbeiten über eine längere Zeit von großer praktischer Bedeutung sind.

Die Durchführungsbedingungen von Konzentrationstests unterscheiden sich sehr deutlich von vielen alltäglichen Situationen, in denen ein Mensch konzentriert arbeiten soll: Die teilnehmenden Personen sind ausgeruht und gesund. Die Beziehung zum Testleiter ist freundlich und sachlich. Die Aufgaben sind einfach. Der eigentliche Test dauert in der Regel nur wenige Minuten. Der Untersucher schaltet Störungen von außen aus. Die untersuchten Personen stören sich nicht gegenseitig. Die Testsituation wirkt motivierend. Die Probanden sind völlig bei der Sache und kümmern sich nicht um sich selbst, d.h. sie schalten störende Reize von innen aus. Dies alles führt zu individuell optimalen Testergebnissen. In der üblichen Arbeitsumgebung sind diese idealen Bedingungen sehr oft nicht erfüllt. Dies hat zur Folge, dass die Personen hier Konzentrationsprobleme haben können, die sich im Test nicht zeigen können. Die Testergebnisse erlauben in solchen Fällen keine gültigen Schlüsse auf die Konzentration beim alltäglichen Arbeitsverhalten.

4.3 Definition von Konzentrationstest

Fasst man die unter 4.1 dargestellten Überlegungen zum Messen von Konzentration und die unter 4.2 erläuterten Maße für Konzentration in einer Definition von Konzentrationstest zusammen, so beschreibt dies, was man in Konzentrationstests unter Konzentration versteht. Erst eine solche in jeder Hinsicht klare Definition ermöglicht nicht nur die Identifizierung von Konzentrationstests und Konzentrationstestleistungen, sondern sie erlaubt auch einen Vergleich mit dem, was im Alltag unter Konzentration verstanden wird.

Wenn ein Test alle Bedingungen der nun folgenden Definition von Konzentrationstest erfüllt, dann ist er ein Konzentrationstest: Die Leistung eines hirnorganisch gesunden Probanden erzielt durch (mündliche oder manuelle) Reaktion auf mehr oder weniger einfache (Bilder alltäglicher Gegenstände oder abstrakte Zeichen; Zahlen, Buchstaben oder andere) Reize, die er klar und

eindeutig wahrnehmen kann und auf die er eine einfach zu erinnernde Regel anzuwenden hat, indem er absichtsvoll Teilhandlungen so schnell wie möglich bei (sehr niedriger bis sehr hoher) Geübtheit in der Ausführung dieses Tests korrekt koordiniert, kann abgebildet werden in die (sehr niedrige bis sehr hohe) Geschwindigkeit konzentrierten Handelns und den (sehr niedrigen bis sehr hohen) Anteil an Konzentrationsfehlern.
Anhand dieser Definition können nun Tests als Konzentrationstests ausgeschieden werden, z.b. der Figuren-Bourdon (Bourdon, 1972), der zu hohe Ansprüche an das Arbeitsgedächtnis stellt, oder eingeschlossen werden wie viele reine Speed-Tests in z.B. Intelligenz- oder Leistungstests. Aus der „Testreihe zur Prüfung der Konzentrationsfähigkeit (TPK)" (Kurth & Büttner, 1999) entspricht der Untertest, in dem Tiere aus einer vorgelesenen Geschichte reproduziert werden müssen, nicht unserer Definition von Konzentrationstest. Die Zahl der richtig reproduzierten Tiere ist weder ein Maß für das Tempo noch für den Fehleranteil beim konzentrierten Arbeiten. Es dürfte primär ein Maß für eine Gedächtnisleistung sein. Kurth und Büttner orientieren sich wie viele Autoren an dem breiten und heterogenen Konzept von Konzentration, das u.a. Lehrpersonen verwenden (vgl. hierzu z.b. Westhoff, Rütten & Borggrefe, 1990).

4.4 Einfache und komplexe Konzentrationstests

Die Ausprägung der Konzentrationsfähigkeit machen wir im Alltag am mehr oder weniger konzentrierten Arbeiten eines Menschen fest. Da sehr unterschiedliche Aufgaben bearbeitet werden, stellt sich die Frage, ob Konzentrationstests, die nur einen Aufgabentyp benutzen, geeignet sind, für alle Aufgabenarten gleichermaßen etwas über die Konzentration bei ihrer Bearbeitung auszusagen. Bearbeiten Probanden in einem Konzentrationstest mehrere Arten von Aufgaben, sollten allgemeinere, d.h. weniger aufgabenspezifische Aussagen über ihre Konzentration möglich sein. Beispielsweise wird im Bereich der weiterführenden Schulen mit sehr unterschiedlichen Aufgaben gearbeitet. Man könnte daher annehmen, dass ein Konzentrationstest, der aus numerischen, verbalen und figuralen Untertests besteht, höhere Zusammenhänge mit verschiedenen Schulleistungen zeigen kann als Konzentrationstests, die nur eine Aufgabenart verwenden.

5 Arten von Konzentrationstests

5.1 Voraussetzungen für die Testung von Konzentration

Allen Konzentrationstests ist gemeinsam, dass sie aus Aufgaben bestehen, die – in möglichst vielerlei Hinsicht – einfach sind, damit sich Unterschiede zwischen den Personen in anderen Merkmalen möglichst wenig auswirken. Aufgaben in Konzentrationstests stellen geringe Anforderungen unter anderem an Wahrnehmung, Gedächtnis, Intelligenz und Lernfähigkeit. Sie nutzen Reizmaterial, das allen Getesteten gut vertraut ist (z.B. die Unterscheidung von Buchstaben oder das Zusammenzählen zweier einstelliger Zahlen) oder das sehr einfach und keinem der Getesteten vor der Testung vertraut ist.

Hier soll zunächst noch etwas Grundsätzliches zu Testungen allgemein und zu Konzentrationstests im Besonderen erläutert werden. Bei allen psychologischen Tests muss geprüft werden, ob die zu testende Person über die entsprechenden Fähigkeiten und Fertigkeiten verfügt, die die Testung voraussetzt. Das gilt für jede Testung mit jedem Verfahren. Aus dieser Bedingung folgt, dass man immer, wenn man mit einer Person einen Konzentrationstest durchführen will, sicherstellen muss, dass diese Person die Fähigkeiten und Fertigkeiten beherrscht, die dieser Konzentrationstest voraussetzt. Einen Durchstreich-Konzentrationstest, bei dem die Buchstaben d und p mit 1 bis 4 Strichen unterschieden werden müssen, kann man nicht sinnvoll verwenden zur Testung einer Person mit einer Sehbehinderung (weil sie länger braucht, um die Zeichen zu unterscheiden oder vielleicht gar nicht sicher unterscheiden kann), einer Person, die lateinische Buchstaben nicht sicher unterscheiden kann (weil sie statt eines d einen senkrechten Strich mit einem Halbkreis links unten sucht) oder einer Person mit einer motorischen Behinderung der Schreibhand (weil sie viel Zeit zum Durchstreichen der Zeichen braucht). Nur wenn die Person, die den Konzentrationstest bearbeitet, über die notwendigen Fähigkeiten und Fertigkeiten verfügt, kann man sinnvoll von Konzentrationsmessung sprechen.

Ein Teil der im Folgenden beschriebenen Konzentrationstests wird als Tests zur Einzelfalldiagnostik vermarktet und genutzt. Andere werden bislang ausschließlich zu Forschungszwecken verwendet, unter anderem, um Zusammenhänge zwischen den Leistungen in diesen Tests und Leistungen im Alltag, zum Beispiel Leistungen von Piloten oder Unfälle von Berufskraftfahrern, vorherzusagen.

Abhängig von der Intelligenz der getesteten Personen können auch Intelligenztests Konzentrationstests sein. Bei Intelligenztests werden solche unterschieden, die vor allem das Intelligenzniveau messen (so genannte Power-Tests) und solche, bei denen vor allem die Bearbeitungsgeschwindigkeit eine Rolle spielt (so genannte Speed-Tests) (Lienert & Raatz, 1994). Bei Niveau-Tests kommen die Unterschiede zwischen Personen dadurch zustande, dass nicht alle Personen alle Aufgaben lösen können, selbst wenn sie dazu viel Zeit haben. Bei Speed-Tests kommen die Unterschiede dadurch zustande, dass die Personen wegen der sehr stark begrenzten Zeit nicht alle Aufgaben lösen können. Wenn die Testzeit deutlich verlängert würde, könnten sie alle Aufgaben lösen. Genau das ist der Fall bei Konzentrationstests: Die einzelnen Aufgaben sind jeweils überhaupt nicht schwierig, wenn man ausreichend Zeit für die Lösung hat. Demnach sind Intelligenztests, bei denen das Intelligenzniveau keine Rolle spielt, nach unserer Definition Konzentrationstests. Ein großer Teil der Intelligenztests sind Mischformen aus Power- und Speed-Test. Ob die Leistung in einem bestimmten Intelligenztest eher das Intelligenzniveau einer Person erfasst oder ihre Konzentration, hängt von der Intelligenz der Person ab. Konzentrationstests müssen so einfach sein, dass sie bei allen Personen, für die sie genutzt werden sollen, vom Intelligenzniveau unabhängig sind. Darüber hinaus gibt es einen positiven Zusammenhang zwischen Leistungen in Konzentrations- und Intelligenztests, und zwar auch dann, wenn der Konzentrationstest sehr einfach ist und der Intelligenztest ein Power-Test ist. Dieser Zusammenhang liegt vermutlich daran, dass das Tempo beim konzentrierten Arbeiten (in anderen Theorien „speed of mental processing" genannt) eine der Basisfunktionen ist, die Unterschiede in der Intelligenz verursachen.

Bei den meisten Konzentrationstests werden die Aufgaben visuell dargeboten. Diese Darbietungsart ist nicht nur die häufigste, sondern auch die älteste, weil Papier und Bleistift schon vor hundert Jahren zur Verfügung standen, anders als Tonbandgeräte oder gar Personalcomputer. Wenige Konzentrationstests sind auditiv – die Information wird über die Ohren aufgenommen –, noch seltener sind taktile Konzentrationstests, bei denen die Information über den Tastsinn aufgenommen wird.

Im Folgenden werden die Konzentrationstests gegliedert nach den Aufgaben, die zu erledigen sind, dargestellt. Dieser Überblick hat nicht den Anspruch, vollständig zu sein, sondern soll einen Einblick in die Vielfalt der Konzentrationstests, ihre Aufgaben und Bearbeitungsweisen geben.

5.2 Arten von Konzentrationstests

5.2.1 Konzentrationstests, die Vergleiche oder Zuordnungen verlangen

5.2.1.1 Vergleiche gleichzeitig dargebotener Reize

Der Vergleich gleichzeitig dargebotener Reize und die Prüfung, ob sie hinsichtlich eines definierten Merkmals gleich oder verschieden sind, ist eine Aufgabe, die in vielfältigster Art in Experimenten genutzt wird, um die menschliche Informationsverarbeitung zu untersuchen. Somit ließen sich hier zahlreiche Aufgaben aufzählen, die man als Konzentrationstests bezeichnen kann, die aber nicht als Tests zur Diagnostik von Personen genutzt werden. Beispiele sind der Vergleich zweier Buchstaben hinsichtlich verschiedener Merkmale: physischer Identität (beides derselbe Buchstabe, also z.B. zwei Großbuchstaben „A"), Namen (so dass dann ein Groß- und ein Kleinbuchstabe „A" und „a" als gleich gelten), ob beide Vokale oder beide Konsonanten sind (Posner & Mitchell, 1967). Auf Wortebene werden Vergleiche gemacht, ob zwei Wörter gleich oder verschieden sind oder ob die beiden Wörter die gleiche Bedeutung oder verschiedene Bedeutungen haben (Vernon, 1983). Aufgaben, die für die Erforschung menschlicher Informationsverarbeitung entwickelt wurden, können ebenfalls Konzentrationsaufgaben sein. Satz-Verifikationsaufgaben, bei denen man angeben soll, ob ein Bild und ein Satz dasselbe bedeuten (z.B. „Stern über Plus"; Clark & Chase, 1972) wurden zuerst genutzt, um das Verstehen von Sätzen zu untersuchen; das Prinzip wurde später als Test genutzt. Im semantischen Verifikationstest (Jensen, Larson & Paul, 1988) soll man feststellen, ob eine Feststellung wie „A zwischen B und C" die Anordnung von Buchstaben (Hier z.B. „BAC") korrekt beschreibt; dieser Test wurde genutzt, um Unterschiede in der Geschwindigkeit der Informationsverarbeitung zwischen Personen festzustellen.

In Konzentrationstests ist der Paarvergleich wenig üblich. Einer der Tests mit Paarvergleich ist der K1 (Rheinbraun, Betriebspsychologischer Dienst, ohne Jahr). Seine Zeichen bestehen aus einer Figur, die ein Kreis, Quadrat oder Dreieck ist. Diese Figur ist leer oder enthält einen Punkt oder einen waagerechten, einen senkrechten oder einen diagonalen Strich oder ein + oder x. Je zwei Zeichen gehören zu einem Paar und stehen direkt untereinander. Die Zeichenpaare sind in Zeilen nebeneinander angeordnet. Es sollen alle Paare mit einem senkrechten Strich markiert werden, deren beide Zeichen ungleich sind. Dieser Konzentrationstest wurde entwickelt, um die Konzentration bei Personen zu testen, die weder sicher lesen noch sicher rechnen können.

Im Untertest 14 des Leistungsprüfsystems (Horn, 1983) sollen Zeilen mit Ziffernfolgen verglichen und nicht übereinstimmende Ziffern durchgestrichen werden. Diese Aufgabe ist nur zur Testung von Personen geeignet, die arabische Zahlen sicher unterscheiden können, da man die Aufgabe leichter erledigen kann, wenn man die Zeichen als Zahlen liest, anstatt sich die Form zu merken.

5.2.1.2 Vergleiche mit Gemerktem

Bei den Tests mit Paarvergleichen steht das, was verglichen werden soll, unmittelbar zusammen. Man muss sich also nicht merken, was man suchen muss. Die weitaus üblichere Art von Konzentrationstests definiert, was zu suchen ist; das merkt sich die Person und vergleicht das, was sie sieht, mit dem, was sie sich gemerkt hat. Bei Durchstreich-Konzentrationstests mit Papier und Bleistift muss man in der Regel bestimmte Zeichen durchstreichen und alle anderen Zeichen nicht durchstreichen. Welche Zeichen man durchstreichen muss, kann man als Mengenaufzählung angeben („a, b, q") oder indem man eine Merkmalskombination („d mit 2 Strichen") definiert, die die Zielreize kennzeichnet.

Durchstreich-Konzentrationstests mit Buchstaben

In den Bourdon-Tests, die zu den frühesten Konzentrationstests überhaupt gehören, von denen es eine Vielfalt von Varianten gab, wurden zufällig aussehende Folgen von Buchstaben dargeboten, und es wurde die Menge der Buchstaben angegeben, die durchgestrichen werden sollten (Brickenkamp, 1975). Eine solche Mengenangabe konnte zum Beispiel sein, dass man alle „a, b, q" durchstreichen sollte.

Ein Test, der die anzustreichenden Zeichen durch eine Merkmalskombination definiert, ist der Aufmerksamkeits-Belastungs-Test (Brickenkamp, 2001), besser bekannt unter dem Namen „d2", der auch schon besagt, was zu tun ist, nämlich jedes d mit 2 Strichen anzustreichen. Die Menge aller dargebotenen Zeichen besteht aus den Buchstaben d und p, die mit Strichen versehen sind. Unter und über dem d und p können jeweils kein, ein oder zwei Striche sein; zu jedem Buchstaben gehört mindestens ein Strich und höchstens vier. In 4 Minuten und 40 Sekunden werden 14 Zeilen bearbeitet, nach jeweils 20 Sekunden geht man zur nächsten Zeile über.

Durchstreich-Konzentrationstests mit figuralem Material

Im Untertest Old English des Berliner Intelligenz-Strukturtests (Jäger, Süß & Beauducel, 1997) sollen alle Buchstaben durchgestrichen werden, die im Schrifttyp Old English gesetzt sind, die anderen Buchstaben sind im Schrifttyp Univers gesetzt.

Beim Alters-Konzentrations-Test (Gatterer, 1990) bestehen die Reize aus waagerecht liegenden Halbkreisen (Rundung nach oben oder unten), bei denen eine Hälfte ausgefüllt ist. Angestrichen werden sollen Halbkreise, die dem Halbkreis gleichen, der als Vorlage abgebildet ist. Bei diesem Test sind die Zeichen groß, um die Bearbeitung auch Personen zu ermöglichen, deren Sehkraft eingeschränkt ist.

Im Frankfurter Aufmerksamkeits-Inventar (FAIR; Moosbrugger & Oehlschlägel, 1996) sollen aus Kreisen und Quadraten, in denen zwei oder drei Punkte sind, in der einen Version die Kreise mit drei Punkten und die Quadrate mit zwei Punkten markiert werden, in der anderen Version die Quadrate mit zwei Punkten und die Kreise mit drei Punkten. Eine Besonderheit dieses Tests ist, dass man die Bearbeitung aller Aufgaben nach dem „vollständigen Markierungsprinzip" mit einer durchgehenden Linie dokumentiert. Man zieht einen Strich unter den Aufgaben, der unter einem Zeichen verläuft, wenn es nicht markiert werden soll, und von dem aus man eine Zacke zu dem Zeichen zeichnet, das man markieren möchte. Durch dieses ungewöhnliche Prinzip der vollständigen Markierung erhält man einen Papier-Bleistift-Konzentrationstest, bei dem die Testbearbeitung vollständig protokolliert wird. Damit kann man in jedem Fall sicherstellen, dass die Getesteten Zeichen für Zeichen der Reihe nach abarbeiten. Wer sich nicht an die Instruktion hält, fällt bei der Auswertung auf.

Beim Figuren-Bourdon (Bourdon, 1972) muss man relativ komplexe Figuren mit einer Reihe von vorgegebenen Figuren vergleichen, ob sie einer der vorgegebenen Figuren entsprechen. Es ist davon auszugehen, dass sich die Getesteten darin unterscheiden, wie gut sie sich solche Figuren schnell merken können. Da sich die Unterschiede zwischen Personen in einem anderen Merkmal so auf die gemessene Konzentrationsleistung auswirken, kann man diesen Test nicht mehr als Konzentrationstest bezeichnen.

Im Pfeiltest des Komplexen Konzentrationstests (Westhoff & Graubner, 2003) zeigt sich genau das gegenteilige Problem, dass nämlich die Aufgaben insgesamt sehr leicht sind. In den 5 Schwierigkeitsstufen des Pfeiltests sind in Zeilen von Pfeilen unterschiedlicher Ausrichtung jeweils die Pfeile durchzustreichen, deren Spitze nach rechts oben zeigt. Je höher die Schwierigkeitsstufe ist, desto mehr unterschiedliche Pfeile enthält das Reizmaterial; allerdings zeigte sich die so operationalisierte Erhöhung der Schwierigkeit nicht im Tempo der Getesteten. Ein mögliches Problem dieses Tests ist, dass die Zielreize durch ein einziges, leicht erkennbares Merkmal gekennzeichnet sind. Das Erkennen eines Zielreizes anhand eines singulären Merkmals ist vermutlich zu einfach (Treisman, 1988), so dass diese Anforderung nicht zwischen den Personen differenziert.

Konzentrationstests mit zu lesenden Wörtern

Konzentrationstests mit zu lesenden Wörtern setzen voraus, dass man die Sprache, die der Konzentrationstest verlangt, so gut wie eine Muttersprache beherrscht und sicher lesen kann.
Im Untertest Klassifizieren von Wörtern des Berliner Intelligenz-Strukturtests (Jäger, Süß & Beauducel, 1997) sollen in Listen alle Wörter durchgestrichen werden, die Pflanzen bezeichnen, die dem Namen nach bekannt sind (z.B. Anemone).

Sortier-Konzentrationstests mit Zahlen

Bei Sortier-Konzentrationstests werden Karten sortiert. Ein Beispiel dafür ist der Konzentrations-Verlaufs-Test (Abels, 1974). Hier sollen 60 Karten mit je 36 zweistelligen Zahlen in vier Felder sortiert werden, abhängig davon, ob sie die Zahl 43, die Zahl 63, beide oder keine von beiden Zahlen enthalten. Bestimmt wird, wie lange die Person dafür braucht und wie viele Fehler sie dabei macht.

5.2.2 Tests, die Reproduktionen verlangen

Tests, die Reproduktionen verlangen, messen immer dann nicht nur Konzentration, wenn Leistungsunterschiede im Kurzzeitgedächtnis sich darauf auswirken, wie gut jemand ist. Diese Tests sind also keine Konzentrationstests, auch wenn sie als solche bezeichnet werden. Zwei davon sollen hier trotzdem genannt werden, der eine, weil er als taktiler Konzentrationstest eine Besonderheit ist, der andere, weil er häufig verwendet und allgemein als Konzentrationstest bezeichnet wird.

Bei taktilen Konzentrationstests wird die Information so dargeboten, dass sie mit dem Tastsinn aufgenommen werden muss. Bei einem von Kainthola und Singh (1992) beschriebenen Konzentrationstest für blinde Personen legt die zu testende Person vier Fingerspitzen einer Hand auf Tasten. Die Fingerkuppen fühlen nun eine Folge von Reizen, weil sich Metallstäbe in den Tasten nach oben bewegen mit einer Frequenz von einem Reiz pro Sekunde. Die getestete Person muss sich die Reihenfolge merken, in der sich die Tasten bewegt haben und die Tasten in derselben Reihenfolge drücken. Bei kurzen Tastenfolgen handelt es sich dabei sicher um einen Konzentrationstest. Bei längeren Tastenfolgen oder wenn die Tasten in der umgekehrten Reihenfolge gedrückt werden müssen, wirkt sich neben der Konzentration das Kurzzeitgedächtnis aus.

Bei einigen Tests erzielt man bessere Leistungen, wenn man dazu in der Lage ist, sich Teile der Aufgabe schneller zu merken. Dazu gehört zum Beispiel der Zahlen-Symbol-Test der Hamburg-Wechsler-Intelligenztests (Tewes, 1994; Tewes, Rossmann & Schallberger, 2000). Hier müssen den Zahlen von 1 bis 9 Symbole zugeordnet werden. Die Zahlen stehen in zufällig aussehenden Zeilen. Einen Vorteil haben hier die Personen, die sich mehr Symbole schnell merken können, weil sie nicht so oft auf die Vorlage schauen müssen. Hier wird also nicht nur Konzentration erfasst, sondern auch die Fähigkeit, schnell Assoziationen zu lernen.

5.2.3 Konzentrationstests, die Operationen mit Zahlen verlangen

5.2.3.1 Zähl-Konzentrationstests

In Untertest 13 des Leistungsprüfsystems (Horn, 1983) soll in Folgen von Ziffern zuerst die achte Null durchgestrichen werden, dann die achte 1, die achte 2 usw. Eine Besonderheit unter den Konzentrationstests ist der Star Counting Test (de Jong & Das-Smaal, 1990), bei dem in Zeilen Rechenzeichen und Sterne in einer Matrix dargeboten werden. Ausgehend von einer Zahl soll im ersten Teil nach einem Pluszeichen vorwärts gezählt werden und nach einem Minuszeichen rückwärts. Nach jeder Aufgabe wird das Ergebnis eingetragen. Im zweiten Testteil wird die Bedeutung der Rechenzeichen umgekehrt: nach einem Pluszeichen wird rückwärts gezählt, nach einem Minuszeichen vorwärts. Der Test ist für Kinder ab der 5. Klasse entwickelt. Eine Besonderheit dieses Konzentrationstests ist, dass die meisten Kinder in der vorgesehenen Zeit fertig werden. Die Unterschiede in der Zahl richtig bearbeiteter Aufgaben entstehen also nicht vor allem dadurch, dass unterschiedlich viele Aufgaben bearbeitet werden, sondern sind vor allem darauf zurückzuführen, dass die Aufgaben unterschiedlich korrekt bearbeitet werden. Die Leistung wird erfasst als Zahl richtig bearbeiteter Aufgaben; bei fast allen anderen Konzentrationstests ist es hingegen die Zahl bearbeiteter Aufgaben pro Zeiteinheit.

5.2.3.2 Rechen-Konzentrationstests

Um Rechen-Konzentrationstests zu bearbeiten, muss man eine oder mehrere Grundrechenarten beherrschen. Die Rechen-Konzentrationstests unterscheiden sich in der Komplexität der Aufgaben. Sehr einfach ist der Pauli-Test (Arnold, 1970), bei dem in Spalten einstellige Zahlen untereinander stehen. Man muss jeweils zwei Zahlen addieren und die Einerstelle der Summe rechts neben die Spalte schreiben. Dadurch, dass man immer nur eine Ziffer aufschreibt, wird der Zeitaufwand für das Schreiben so gering wie möglich gehalten. Der Pauli-Test wird 60 Minuten lang ohne Pause bearbeitet und gehört damit zu den besonders lange dauernden Konzentrationstests.
Im Untertest X-Größer des Berliner Intelligenz-Strukturtests (Jäger, Süß & Beauducel, 1997) sollen alle Zahlen durchgestrichen werden, die um drei grö-

ßer sind als die unmittelbar vorangegangene Zahl. Die Zahlen liegen im Bereich von 1 bis 30.

Der Revisionstest (Marschner, 1972, 1980) besteht in einer Version aus Additions-, in der anderen aus Subtraktionsaufgaben, bei denen die zu verrechnenden Zahlen und das Ergebnis einstellig sind. Aufgaben mit richtigem Ergebnis sind abzuhaken, Aufgaben mit falschem Ergebnis werden mit einem senkrechten Strich durchgestrichen.

Ein relativ komplexer Rechen-Konzentrationstest ist der Konzentrations-Leistungs-Test (Düker, Lienert, Lukesch & Mayrhofer, 2001). Hier besteht jede Aufgabe aus zwei Zeilen. In jeder Zeile werden drei einstellige Zahlen zusammengezählt bzw. voneinander abgezogen; die getestete Person soll sich die Zwischenergebnisse merken. Die weitere Vorgehensweise unterscheidet sich in den unterschiedlich schwierigen Versionen. Beim KLT-R 4-6 (Schulstufen 4 bis 6) wird stets die kleinere von der größeren Zahl abgezogen. Beim KLT-R 6-13 (ab 6. Schulstufe und für Erwachsene) wird dann, wenn die obere Zahl größer ist, die untere von der oberen abgezogen; ist die obere Zahl kleiner, wird die untere zu der oberen Zahl hinzugezählt. Das Ergebnis der Aufgabe wird in jedem Fall eingetragen.

Der Vorteil des Konzentrations-Leistungs-Tests ist, dass hier sehr viele einzelne Schritte koordiniert werden müssen. Der Nachteil ist, dass die Getesteten Vereinfachungsstrategien nutzen können, so dass sie nicht mehr dieselben Teilaufgaben ausführen wie Personen, die wirklich Schritt für Schritt so rechnen, wie es die Instruktion vorschreibt (Sommer, 1973). Einerseits kann es nützlich und sinnvoll sein, Konzentrationstests mit komplexeren Aufgaben zu verwenden, wenn man sich für die Konzentrationsleistung einer Person interessiert, wenn sie mehrere Teilaufgaben miteinander koordinieren muss. Andererseits bringen komplexere Aufgaben die Gefahr mit sich, dass sie mit unterschiedlichen Strategien bearbeitet werden können, die auch unterschiedlich effektiv sein können. Hier würde man also nicht nur die Konzentrationsfähigkeit messen, sondern auch, wie effektiv die verwendete Strategie ist. Der Konzentrations-Leistungs-Test ist also nur dann ein Konzentrationstest, wenn sich die Person an die Instruktion hält.

Alle Rechen-Konzentrationstests haben einen weiteren Nachteil, und zwar umso mehr, je komplexer die Aufgaben sind: Früher gehörte Kopfrechnen noch zum Alltag vieler Menschen, jedenfalls aller Schülerinnen und Schüler; heute werden auch einfache Aufgaben mit dem Taschenrechner erledigt. Allerdings gibt es immer noch Personen, die sehr viel im Kopf rechnen, sei es die Ingenieurin, die eine Überschlagsrechnung macht, oder der Student, der seinen Lebensunterhalt mit Kellnern verdient. Die meisten Personen dürften die

Grundrechenarten sehr viel schlechter beherrschen, als dies vor Jahrzehnten der Fall war, einige aber weiterhin sehr gut. Einerseits ist es also gerade bei dieser Testart wichtig, dass die Vergleichsstichproben für die Einzelfalldiagnostik nicht zu alt sind. Außerdem steht man bei Rechen-Konzentrationstests vor dem Problem, dass sie jetzt mehr als vor Jahrzehnten eine Mischung aus Rechenfertigkeit und Konzentration erfassen, da die Voraussetzung von Konzentrationstests, dass alle zu testenden Personen die vorausgesetzten Fertigkeiten mindestens grundlegend beherrschen, nicht mehr gegeben ist. Sinnvoll kann man Rechen-Konzentrationstests, die mehr als das Zusammenzählen zweier einstelliger Zahlen verlangen, also nur noch bei Schülerinnen und Schülern anwenden, die durch den Schulunterricht mit dem Rechnen zwangsläufig einigermaßen vertraut sind. Die Unterschiede in Alter und Schultyp kann man dann dadurch ausgleichen, dass man die passende Vergleichsstichprobe wählt. Alle anderen Unterschiede werden bei der Testung nicht berücksichtigt; üblicherweise differenzieren die Normen von Tests höchstens nach Alter, Geschlecht und Schultyp.

5.2.4 Konzentrationstests, die Operationen mit Buchstaben verlangen

Lindley, Smith und Thomas (1988) entwickelten einen Ersetzungstest, in dem Folgen von Ziffern und Buchstaben vorgegeben werden. In der einfachsten Form werden die Folgen abgeschrieben. Beim Vorwärts-Kodieren wird zu jeder Ziffer die nächsthöhere Ziffer und zu jedem Buchstaben der folgende im Alphabet notiert (z.B. C für B, 3 für 2). Beim Rückwärts-Kodieren wird die Ziffer durch die vorangehende Ziffer bzw. der Buchstabe durch den vorangehenden Buchstaben ersetzt (z.B. B durch A, 3 durch 2). Diese Aufgabe setzt voraus, dass die Person sowohl die Ziffern bis 10 als auch das Alphabet sicher und schnell beherrscht.

5.3 Besonderheiten von Darbietungsarten

5.3.1 Papier-Bleistift-Konzentrationstests

Konzentrationstests wurden lange vor der Zeit des Computers entwickelt und zur Diagnostik genutzt. Daher werden die traditionellen Konzentrationstests auf Papier dargeboten, und man reagiert darauf, indem man die Lösung mit einem (Blei-)Stift anstreicht oder aufschreibt. Diese Papier-Bleistift-Konzentrationstests haben auch heute noch den Vorteil, dass sie ohne großen technischen Aufwand in jedem ruhigen Raum an einem Tisch durchgeführt werden können. Außerdem ermöglichen sie es, Gruppen von Personen gleichzeitig zu testen, ohne dass es einer großen und teuren technischen Ausstattung bedarf.

Die Situationen in Gruppen- und Einzeltestung unterscheidet sich: Bei einer Einzeltestung kommt die getestete Person in eine neue Situation, und ihr wird viel Aufmerksamkeit entgegengebracht. Das könnte zum Beispiel bei einem Kind, das sich in der Schule schlecht konzentriert, dazu führen, dass es sich aufgrund der besonderen Situation ausnahmsweise doch konzentriert (z.B. Berg, 1991; de Jong & Das-Smaal, 1990). Darüber hinaus findet eine Einzeltestung in der Regel in ungestörter und ablenkungsarmer Umgebung statt; bei einer Gruppentestung sind Ablenkungsmöglichkeiten mindestens dadurch gegeben, dass noch zahlreiche andere Personen im Raum sind. In einer Gruppentestung – gerade in einer Schulklasse – hat man also eher die Möglichkeit, typisches Verhalten zu erfassen, in einer Einzeltestung erfasst man eher das maximal mögliche Verhalten. Beides kann sinnvoll sein, aber es wird dennoch die Konzentrationsleistung unter verschiedenen Bedingungen erfasst. Dies muss bei der Interpretation des Ergebnisses berücksichtigt werden.

5.3.2 Computer-Konzentrationstests

Weil Computer preiswerter und schneller geworden sind, werden immer mehr Konzentrationstests auf dem Computer dargeboten. Dennoch hat man nicht überall die technischen Voraussetzungen, zahlreiche Personen gleichzeitig mit dem Computer zu testen. Der entscheidende Vorteil der Computer-Konzentrationstests ist, dass man genauer messen kann als bei einem Papier-Bleistift-Konzentrationstest, und zwar für jede einzelne Aufgabe. Außerdem entfällt die relativ zeitaufwändige und Konzentration erfordernde Auswertung mit der Hand; das Ergebnis liegt mit dem Ende des Tests vor und muss nur noch abgerufen werden.

Ein Reihe von Computer-Konzentrationstests haben dieselben Aufgaben wie Konzentrationstests mit Papier und Bleistift. Die Reize sind dieselben, reagiert wird mit Tasten. Bei der Übertragung von Papier-Bleistift- auf Computer-Konzentrationstests werden neue Normen erstellt, weil sich bei allen Leistungstests das Bearbeitungstempo und der Fehleranteil in beiden Medien unterscheiden.

Allen Papier-Bleistift-Konzentrationstests gemeinsam ist, dass die Getesteten sie in ihrem persönlichen Tempo bearbeiten. In Tests wie dem d2 müssen sie nach einer bestimmten Zeit zur nächsten Zeile übergehen, in anderen Tests müssen sie nach bestimmten Zeiten Markierungen machen. Ansonsten arbeiten die Personen ohne Unterbrechung und ohne jeden äußeren Zeitgeber. Das kann bei Computer-Konzentrationstests anders sein, muss es aber nicht. Für beides soll jeweils ein Beispiel gegeben werden.

5.3.2.1 Computer-Konzentrationstests mit leistungsunabhängiger Darbietung

Beim Daueraufmerksamkeitstestgerät (Brunner & Dvorak, 1985) erscheinen auf einem Bildschirm in jedem Bild sechs gleichseitige rechtwinklige Dreiecke, deren rechter Winkel nach links, rechts, oben oder unten zeigt. Die Person gibt bei jedem Bild in eine Tastatur ein, bei wie vielen Dreiecken der rechte Winkel nach unten weist. Der Test dauert 30 Minuten und wird kontinuierlich bearbeitet.

5.3.2.2 Computer-Konzentrationstests mit leistungsabhängiger Darbietung

Bei der adaptiven Version des Frankfurter Adaptiven Konzentrationsleistungs-Tests (FAKT, Moosbrugger & Heyden, 1997, FAKT-II, Moosbrugger & Goldhammer, 2004) wird die Darbietungszeit der Einzel-Zeichen oder Zeilen anhand von Reaktionszeiten und Fehlern so angepasst, dass die Person 50% der Zeichen bearbeiten kann und 50% nicht bearbeiten kann. Für die bearbeiteten Zeichen wird außerdem eine Ratekorrektur vorgenommen. Solange die Person richtig reagiert, wird die Darbietungszeit verkürzt. Wenn sie in dem vorgesehenen Zeitfenster nicht mehr reagieren kann, wird die Darbietungszeit verlängert. Ebenfalls verlängert wird die Darbietungszeit nach einer falschen Reaktion. Durch diese Darbietungsweise sollen sowohl Personen, die sehr langsam und korrekt arbeiten, als auch Personen, die schnell und fehlerhaft arbeiten, zur gleichen Arbeitsweise gebracht werden. Diese Darbietungsart ist gewöhnungsbedürftig und löst möglicherweise zu Beginn Irritationen aus. Allerdings hat sie den Vorteil, dass sie die Konfundierung von Konzentrationsleistung und Aktivierung vermeidet (Frey & Moosbrugger, 2004), die in der nicht adaptiven Version des FAKT und beim Aufmerksamkeits-Belastungstest nachgewiesen wurde (Imhof, 2000).

5.3.3 Auditive Konzentrationstests

Auditive Konzentrationstests ermöglichen eine getaktete Darbietung der Reize auch ohne Computer. Beim Paced Auditory Serial Addition Test (Gronwall & Wrightson, 1974) werden Ziffern mit Intervallen von 1,2, 1,6, 2,0 und 2,4 Sekunden dargeboten. Es sollen Paare aufeinander folgender Ziffern addiert werden. Je mehr Zeit die Person dazu hat, desto höher ist der Anteil korrekter Additionen.

Beim Auditory Selective Attention Test von Gopher und Kahneman (1971) hört die getestete Person mit einem Kopfhörer unterschiedliche Informationen (Ziffern oder Buchstaben) auf beiden Ohren. Ein Ton zeigt an, auf welches Ohr geachtet werden soll. Im ersten Abschnitt des Testdurchgangs werden 16 Paare von Ziffern und/oder Buchstaben gleichzeitig auf beiden Ohren dargeboten mit einer Frequenz von 2 Paaren pro Sekunde. Die Person soll die Ziffern auf dem Ohr, auf das sie achten soll, nachsprechen, sobald sie sie gehört hat. Nach einer Pause gibt ein weiterer Ton an, welches Ohr im zweiten Abschnitt zu beachten ist; in der Hälfte der Durchgänge wechselt das Ohr, das beachtet und von dem die Ziffern nachgesprochen werden sollen. Der Auditory Selective Attention Test besteht aus 48 Durchgängen und dauert insgesamt 25 Minuten. Gemessen wird die Zahl der Fehler.

Wenn man Konzentrationstests mit vorgegebenem Tempo und solche mit selbst gewähltem Tempo vergleicht, kann man annehmen, dass das Ergebnis bei beiden Darbietungsarten allein durch das Tempo beim konzentrierten Arbeiten bestimmt wird. Bei selbst gewähltem Tempo bringt man jede Aufgabe zu Ende, die man beginnt. Bei vorgegebenem Tempo muss man zur Messung von Konzentration voraussetzen, dass die getestete Person überhaupt ihre Leistungsfähigkeit ausschöpfen kann. Norman und Bobrow (1975) unterscheiden Aufgaben, in denen die Leistung durch die zu verarbeitende Informationsmenge beschränkt wird (data limited, durch Daten begrenzt), von solchen Aufgaben, in denen die Leistung durch die Leistungsfähigkeit der Person beschränkt wird (resource limited, durch Ressourcen begrenzt). Aufgaben sind zum Beispiel dann data limited, wenn die Person nach der Lösung einer Aufgabe warten muss, bis die nächste erscheint. Aufgaben, die im Bereich des persönlichen Tempos bearbeitet werden, sind grundsätzlich resource limited, weil die Person sofort nach der Lösung einer Aufgabe zur nächsten übergehen kann. Aufgaben, die unabhängig von der Leistungsfähigkeit der Person in festem Tempo vorgegeben werden, können mehr oder weniger stark data limited oder resource limited sein, abhängig davon, in welchem Verhältnis Leistungsfähigkeit einer Person und Anforderungen der Aufgabe stehen. Konzentrationsaufgaben mit fest vorgegebenem Tempo können resource limited sein, wenn die Aufgaben so schnell dargeboten werden, dass sie die Leistungsfähigkeit der schnellen Personen ausschöpfen, und wenn gleichzeitig die langsamen Personen Aufgaben auslassen dürfen, wenn sie nicht mitkommen. Dann kann eine schnelle Person viele Aufgaben bearbeiten und eine langsamere lässt eine größere Zahl aus, so dass man auch so das Tempo beim konzentrierten Arbeiten feststellen kann. Allerdings können sich Personen in einer Testsituation, in der sie Aufgaben auslassen müssen, überfordert fühlen. Ob und wie sich solche Unterschiede im Erleben auf die Leistungen in solchen Tests auswirken, wurde unseres Wissens bisher nicht untersucht.

Die Arbeit im vorgegebenen Tempo und die Arbeit im selbst gewählten Tempo können allerdings unter einem anderen Aspekt durchaus zu verschiedenen Ergebnissen führen. Üblicherweise werden Aufgaben, deren Tempo vorgegeben wird, in einem festen und regelmäßigen Takt vorgegeben. Solche getakteten Aufgaben führen gegenüber Aufgaben im selbst gewählten Tempo dazu, dass man schneller arbeitet, einen geringeren Fehleranteil hat und die Arbeit gleichzeitig als weniger mühevoll erlebt. Das gilt allerdings nur, wenn die Taktung etwa im Bereich des persönlichen Tempos erfolgt, also etwas schneller, als man ohne Taktung arbeiten würde. Erklären kann man diesen Unterschied damit, dass es beim selbst gewählten Tempo jedes Mal einer Willensanstrengung bedarf, die nächste Aufgabe anzugehen, während die getaktete Aufgabe einen sehr großen Aufforderungscharakter hat und deshalb nur eine geringe Willensanstrengung nötig ist (Düker, 1931).

5.3.4 Konzentrationstests mit verschiedenen Aufgabenarten

Westhoff und Graubner (2003) konstruierten einen Komplexen Konzentrationstest mit verbalem, numerischem und figuralem Material. In einem Konzentrationstest mit homogenen Aufgaben können sich extreme Ausprägungen von Fertigkeiten in einzelnen Aufgabenarten relativ stark auswirken, seien es Unterschiede im schnellen Buchstabenerkennen oder in den Grundrechenarten. Wenn mehrere Aufgabentypen in einem Konzentrationstest kombiniert sind, wirken sich Unterschiede in einem Teilbereich nur auf einen Teil der Leistung aus. Intelligenz wird in modernen Theorien als Konstrukt mit zahlreichen Facetten verstanden, und es ist klar, dass man spezifische Intelligenzleistungen mit spezifischen Arten von Intelligenztests am besten vorhersagen kann. Bei Konzentrationstests besteht diese Differenzierung noch nicht, erscheint uns allerdings perspektivisch als praktisch besonders bedeutsam.

5.4 Zur Entwicklung neuer Konzentrationstests

Grundsätzlich kann man sehr leicht neue Konzentrationstests konstruieren, wenn man die Definitionsmerkmale von Konzentrationstests dabei berücksichtigt. Schwierigkeiten können sich jedoch dadurch ergeben, dass nebensächlich erscheinende Aspekte von Darbietungsart und Instruktion sich stärker auswirken, als man es vorher vermutet. Zahlreiche experimentelle Manipulationen von Aufgaben in der Allgemeinen Psychologie, von denen man begründet annehmen kann, dass sie auch Aspekte von Konzentration erfassen könnten, sind noch nicht daraufhin erforscht worden, wie gut man damit Unterschiede zwischen Personen feststellen kann. Bei diesen neuen Aufgaben ist wie bei vielen der hier vorgestellten Aufgaben, die nicht als Tests vertrieben werden, nicht klar, wie viel sie mit den traditionellen Konzentrationstests gemeinsam haben und welche aufgabenspezifischen Anteile die Leistung einer Person beeinflussen. Diesem Nachteil steht gegenüber, dass bei vielen der Aufgaben aus der Allgemeinen Psychologie sehr viel besser bekannt ist, welche Anforderungen sie an die menschliche Informationsverarbeitung stellen. Auf diese Weise kann man zu einer theoretisch begründeten Konstruktion von Konzentrationstests kommen, die über die bisher oft beliebig erscheinende Auswahl und Sammlung von Aufgaben hinausreicht.

6 Fehler bei der Verwendung und Interpretation von Konzentrationstests

Im Folgenden wollen wir auf in der Praxis häufig zu beobachtende Fehler bei der Verwendung und der Interpretation von Konzentrationstests eingehen und zeigen, wie man sie vermeiden kann.

6.1 Anwender achtet nicht auf die Konzeption des Testautors von Konzentration

Nur wenn man weiß, was ein Testautor unter einem Konstrukt versteht, das sein Test messen soll, kann man die Testergebnisse sachgerecht interpretieren. Viele Anwender tun aber so, als gäbe es nur eine Bedeutung von Konzentration, die im Alltag und bei Konzentrationstests gleichermaßen verwendet wird.
Richtig ist, dass es im Alltag vielfältige Vorstellungen davon gibt, was man unter Konzentration versteht, und dass jeder Autor eines wissenschaftlichen Konzentrationstests „seine" Definition verwendet, die nur eine mögliche Bedeutung der vielen alltäglichen sein kann. Folglich muss man erst einmal herausfinden, was wer unter Konzentration versteht, d.h. welche Verhaltensweisen er/sie als mehr oder weniger konzentriert erlebt oder beurteilt. Weiterhin muss die Definition von Konzentration eines Konzentrationstests berücksichtigt werden, wenn man einen solchen Test auswählt, anwendet und seine Ergebnisse interpretiert.

6.2 Anwender übernimmt ungeprüft die vom Testautor vorgeschlagenen Maße für Konzentration

In den unterschiedlichsten Konzentrationstests gibt es sehr verschiedene Maße für Konzentration. Fälschlich nehmen Anwender an, dass man sich beliebig für eines von mehreren entscheiden kann.

Richtig ist, dass es eine ganze Reihe durchaus sinnvoller Maße von bestimmten Aspekten konzentrierten Arbeitens gibt. Einige davon sind für praktische Zwecke hinreichend genau zu messen, andere nicht.

Für praktische Zwecke hinreichend genau lässt sich das *Tempo konzentrierten Arbeitens* messen. Das Tempo lässt sich operationalisieren über die Anzahl der insgesamt pro Zeiteinheit bearbeiteten Aufgaben (z.b. GZ im Test d2) oder die Anzahl der richtig bearbeiteten Aufgaben (z.b. GZ-F im Test d2, Brickenkamp, 2002).

Hat der Proband den Test mindestens zwanzig Minuten lang durchzuführen, dann besteht die Möglichkeit, auch die *Neigung zu Konzentrationsfehlern*, operationalisiert über den prozentualen Fehleranteil (F%), für bestimmte Zwecke hinreichend genau zu messen.

Die absolute Fehlerzahl ist kein sinnvolles Maß für eine Konzentrationsleistung. Dies kann man sich folgendermaßen veranschaulichen: Würde jemand z.B. keine Aufgabe eines Konzentrationstests bearbeiten, so hätte er naturgemäß auch keine falsch bearbeitet, hätte also den optimalen Wert von null Fehlern. Nur wenn man die Zahl der Fehler auf die Zahl der insgesamt bearbeiteten Aufgaben relativiert (und mit 120 multipliziert), ergibt sich ein sinnvolles Maß für die Neigung zu Konzentrationsfehlern: der (prozentuale) Fehleranteil.

Alle sonstigen Maße für andere Aspekte des konzentrierten Arbeitens konnten bis heute nicht hinreichend zuverlässig gemessen werden. Hierzu gehören – neben anderen – theoretisch durchaus interessante Maße wie z.B. Variabilität im Tempo und im Fehleranteil. Des Weiteren wird seit den Anfängen der wissenschaftlichen Beschäftigung mit Konzentration angenommen, dass man vom Verlauf einer Konzentrationsleistung möglicherweise zutreffend schließen könnte auf die individuelle Art, über eine längere Zeit hinweg mehr oder weniger gut konzentriert arbeiten zu können. Nachweise dafür stehen bis heute aus, lassen sich vielleicht aber in Zukunft mit PC-gestützten Konzentrationstests erbringen, die gegenüber Papier- und Bleistift-Konzentrationstests neue Messmöglichkeiten eröffnen, z.B. gestatten sie, die Bearbeitungszeit pro Item zu messen.

6.3 Anwender wählt ohne Begründung einen Wert für die Messgenauigkeit (Reliabilität)

Die Messgenauigkeit von Maßen für die Konzentration muss über die Testwiederholung (= Retest-Reliabilität) bestimmt worden sein, denn man will ja über den Augenblick hinausgehende Aussagen über die Konzentrationsleistung machen. Ist die Messgenauigkeit bestimmt worden über die Übereinstimmung von Testteilen zum selben Messzeitpunkt (= interne Konsistenz; Paralleltest-Reliabilität; Testhalbierungs-Reliabilität), so sind dies keine praktisch aussagekräftigen Testkennwerte, wird so doch bestimmt, ob die Teile eines Tests das Gleiche erfassen. Dies ist bei Konzentrationstests, die immer nur einen Typ von Aufgaben verwenden, trivialerweise der Fall. Solche Reliabilitätsmaße sind nur für solche Aussagen geeignet, die nicht über die Zeit hinweg verallgemeinert werden sollen, sich also nur auf die Ausprägung eines Merkmals zu einem bestimmten Zeitpunkt beziehen sollen. Dies ist bei den üblichen Konzentrations-Fragestellungen in der Praxis allerdings nie der Fall.

Für die Messgenauigkeit gilt üblicherweise ein Korrelationskoeffizient von 0,70 und größer als hinreichend messgenau für praktische Zwecke, wenn er an einer Stichprobe von 400 oder mehr Personen gewonnen wurde. Wurde die Messgenauigkeit an einer kleineren Stichprobe bestimmt, so muss erst berechnet werden, ob die „praktische Invarianz" der Reliabilitätsschätzung gegeben ist. Das genaue Vorgehen beschreibt Huber (1973), und es gibt ein Programm zur Berechnung (Hageböck, 1991). Der Grundgedanke ist, dass auch die Reliabilität, die man an einer Stichprobe bestimmt, mit einem Messfehler behaftet ist. Wie groß dieser Messfehler ist, hängt ab von der Stichprobengröße (ab 400 Personen ist essentielle Invarianz erreicht) und von der Höhe des gemessenen Reliabilitätskoeffizienten (bei gleicher Stichprobengröße ist der Messfehler umso geringer, je höher die gemessene Reliabilität ist). In einem ersten Schritt bestimmt man, in welchem Bereich die Reliabilität mit einer festgelegten Wahrscheinlichkeit liegt (Vorschlag von Huber ist dabei eine Wahrscheinlichkeit von mindestens 95%). Wenn die Breite des Intervalls kleiner als 0,1 ist, spricht man von „praktischer Invarianz" (Huber, 1973, S. 105). Die Reliabilitätsschätzung ist dann mindestens in der ersten Dezimalstelle gesichert. In einem weiteren Schritt berechnet man das Konfidenzintervall des wahren Testwerts, genau wie beim Standardmessfehler auch der Fall.

Der zentrale Unterschied gegenüber dem üblichen Vorgehen bei Verwendung des Standardmessfehlers besteht darin, dass man nicht nur die Höhe des Reliabilitätskoeffizienten betrachtet, sondern auch, mit welcher Messgenauigkeit der Reliabilitätskoeffizient bestimmt wurde.

6.4 Anwender interpretiert Punktwerte

Jeder Test hat wie jedes andere Messinstrument auch eine bestimmte Messgenauigkeit. Diese Messgenauigkeit ist von zentraler Bedeutung für die Angabe des Testergebnisses als Roh- oder Standardwert. Mit beiden Arten von Werten kann ein Nichtpsychologe nichts anfangen. Die Angabe eines solchen Punktwertes suggeriert eine extrem hohe Messgenauigkeit, die in Wirklichkeit kein psychologischer Test haben kann. Deshalb berechnet der Psychologe unter Verwendung des Standardmessfehlers bzw. des passenden Reliabilitätskoeffizienten den Bereich, in dem mit einer Wahrscheinlichkeit von 90% der wahre Wert eines Probanden liegt. Dieser Wertebereich kann „unter dem Durchschnitt" (M-SD), „im Durchschnitt" (M+/-SD) oder „über dem Durchschnitt" (M+SD) liegen. Da es sich immer um einen Wertebereich handelt, kann sich dieser auch in zwei benachbarte Bereiche erstrecken. Dann ist er entsprechend als „unterdurchschnittlich bis durchschnittlich" oder als „überdurchschnittlich bis durchschnittlich" zu klassifizieren. Solche Klassifikationen der Testleistungen anhand von Leistungen von vergleichbaren Personen sind für praktische Zwecke hinreichend genau und Nichtpsychologen verstehen sie in aller Regel.

6.5 Anwender schließt Störungen nicht aus

Alle Autoren von Konzentrationstests gehen davon aus, dass ihre Tests unter optimalen Bedingungen durchgeführt werden. Dies ist praktisch nicht unbedingt gegeben, wenn Lärm von draußen oder Geräusche im Untersuchungszimmer den Probanden stören. Auch die Lesbarkeit der Testvorlagen kann durch ungünstige Beleuchtung eingeschränkt sein. Eine gute Belüftung ist eine in ihrer Bedeutung für das konzentrierte Arbeiten oft unterschätzte Bedingung. „Verbrauchte" Luft führt oft unbemerkt zu verschlechterten Konzentrationsleistungen.
Aussetzendes Schreibgerät kann das Tempo konzentrierten Arbeitens im Test besonders dann beeinträchtigen, wenn nicht unmittelbar ein gut funktionierender Ersatzstift bereit liegt. Es kann auch vorkommen, dass der Proband in der Aufregung vergisst, seine Lesebrille aufzusetzen und dies erst im Laufe der Testbearbeitung bemerkt oder im schlimmeren Fall nach Beendigung des Tests davon berichtet.

6.6 Anwender achtet nicht auf Besonderheiten des Getesteten

Konzentrationstests verwenden durchweg sehr einfache Aufgaben, die in der Regel jeder hirngesunde Proband ohne Schwierigkeiten bearbeiten kann. Es kann allerdings vorkommen, dass die zu testende Person nicht über die im Test erforderlichen Fähigkeiten und Fertigkeiten verfügt. Bei Hörminderungen können Instruktionen falsch verstanden werden, nicht ausreichend ausgeglichene Sehstörungen können zu verzerrten Ergebnissen führen. Einschränkungen in der Motorik können sich ebenfalls nachteilig auf das Tempo konzentrierten Arbeitens auswirken.

Es kann allerdings auch vorkommen, dass ein Proband den Typ der verlangten Aufgaben in seinem Alltag besonders häufig bearbeitet und deshalb ungewöhnlichen hoch geübt ist, z.B. im Addieren einstelliger Zahlen, wie es in verschiedenen Konzentrationstests verlangt wird.

6.7 Anwender zieht die Normen eines Konzentrationstests zur Beurteilung der Rohwerte eines wiederholten Konzentrationstests heran

Wendet man den gleichen Konzentrationstest nach Tagen oder wenigen Wochen noch einmal oder gar noch öfter an, so verbessern sich dadurch die Leistungen von Probanden ganz beträchtlich. Dies hat jedoch nichts mit einer verbesserten Konzentrationsfähigkeit zu tun, verbessert hat sich nur die Fertigkeit im Bearbeiten der jeweiligen Aufgaben des Konzentrationstests.

Wandelt man solche Rohwerte mit Hilfe der Normtabellen in Standardwerte um, so wird übersehen, dass diese Vergleichswerte nur an Personen erhoben wurden, die den Test zum ersten Mal bearbeitet haben. Man vergleicht dann den geübten Probanden mit den ungeübten Personen in der Normstichprobe. Sein Wert fällt dabei zu gut aus, seine Konzentrationsfähigkeit wird in der Regel weit überschätzt.

Die Zugewinne durch eine wiederholte Bearbeitung eines Konzentrationstests können sehr beachtlich oder auch nur minimal sein. Dabei scheint es so zu sein, dass hier das Matthäus-Prinzip (Klauer, 2001, S.23) gilt: Wer hat, dem wird gegeben. Oder anders ausgedrückt: Wer in der ersten Testung einen guten Konzentrationstestwert im Tempo erzielt, der gewinnt in der Regel deutlich mehr durch eine Wiederholung als jemand, der zuerst einen niedrigeren Wert erreichte. Anders ist es bei (fast) fehlerloser Bearbeitung (F%) eines Konzentrationstests, sie kann aufgrund der Nullfehlergrenze nicht mehr (kaum) verbessert werden. Es gibt bisher keine Untersuchungen, die einen sicheren Rückschluss von der Leistung in einem wiederholt durchgeführten Konzentrationstest auf die wirkliche Konzentrationsfähigkeit zulassen. Im Frankfurter Adaptiven Konzentrationsleistungs-Test sind auch Normen für die 2. und 3. Testung verfügbar.

6.8 Anwender schließt von einem Maß für Konzentration in einem Test auf „die" Konzentration

An länger dauerndem konzentrierten Arbeiten kann man mindestens das Tempo und den Fehleranteil konzentrierten Arbeitens mit ihren jeweils drei Aspekten unterscheiden: mittlerer Wert, Variabilität und Verlaufsgestalt (= Profil), also sechs Merkmale insgesamt. Die im Handel befindlichen Tests erfassen durchweg nur einen Aspekt retest-reliabel: das Tempo konzentrierten Arbeitens (gemittelt über wenige Minuten). In der Praxis kann man über diese Merkmale von Konzentration hinaus eine ganze Fülle von Bedingungen benennen, die Menschen das konzentrierte Arbeiten erleichtern oder erschweren (vgl. z.B. Kap. 2-4 und 7-10). Daraus folgt, dass man nur sehr eingeschränkt von einem Ergebnis in einem Konzentrationstest – dem mittleren Tempo konzentrierten Arbeitens – auf die Gegebenheiten im Alltag schließen kann. Streng genommen gelten die Konzentrationstestergebnisse nur für das Tempo konzentrierten Arbeitens für wenige Minuten bei völlig ungestörter Arbeit als Einzelner und unter ansonsten optimalen Bedingungen. Im Alltag allerdings sind oft Bedingungen gegeben, welche die individuellen Konzentrationsleistungen drastisch verringern gegenüber den „Idealbedingungen" für das konzentrierte Arbeiten bei der Durchführung eines Konzentrationstests. Die Testergebnisse liefern also eine Schätzung für den Aspekt des Tempos des konzentrierten Arbeitens unter optimalen Bedingungen. Im Alltag ist dieser Aspekt der Konzentrationsfähigkeit oft nicht der interessante, sondern z.B. die Neigung zu Konzentrationsfehlern.
Bei bestimmten diagnostischen Fragestellungen sind darüber hinaus ganz spezifische Bedingungen oder Bedingungskombinationen für das konzentrierte Arbeiten im Alltag von entscheidender Bedeutung wie beispielsweise „Störungen durch andere Personen", „Informationsüberflutung" oder „schlechte kör-

perliche Voraussetzungen". Dies gilt es bei der Interpretation der Testergebnisse immer zu beachten, wenn man zu Rückschlüssen auf die Konzentrationsleistungen im Alltag kommen will.

Konzentration in der Schule

7 Konzentration in der Schule

7.1 Beschreibungen von un-/konzentriertem Verhalten

Befragt man Lehrpersonen danach, was sie unter Konzentration verstehen, so sind die Definitionen – wie in der Wissenschaft – äußerst heterogen. Dies ist natürlich nicht nur bei lehrenden und wissenschaftlich tätigen Personen so. Es scheint einfach kein einheitliches Verständnis von Konzentration zu geben. Dies ist nichts Ungewöhnliches, auch bei vielen anderen Konzepten – nicht nur psychologischen – kann man dies feststellen. Will man jedoch erfolgreich miteinander kommunizieren, dann muss jedoch klar sein, worüber man spricht. Westhoff, Rütten und Borggrefe (1990) haben Lehrpersonen der Sekundarstufe I aller Typen weiterführender Schulen danach befragt, woran sie festmachen, dass ein Kind konzentriert bzw. unkonzentriert ist. Diese Beschreibungen sind äußerst hilfreich, wenn Lehrerinnen und Lehrer konkret mitteilen wollen, was sie unter un-/konzentriertem Verhalten von Schülern verstehen. Hier nun einige Hinweise zu dem darauf folgenden Beobachtungsbogen:

"Weiß ich nicht" ist besser als Vermuten!

Will man herausfinden, was bei einem Kind mit möglichen Konzentrationsschwierigkeiten an Verhaltensweisen auffällt, um gezielt zu helfen, dann braucht man konkrete Beobachtungen. Da die Hauptaufgabe eines Lehrers nicht die Beobachtung eines einzelnen Kindes ist, gibt es die Kategorie „weiß ich nicht" für den Fall, dass der Lehrer das entsprechende Verhalten bei dem zu beschreibenden Kind noch nicht beobachtet hat.

Auf die Häufigkeit eines Verhaltens kommt es an

Die Häufigkeitsangaben „fast nie", „selten", „oft" und „sehr oft" sind beim un-/konzentrierten Arbeiten besser beobachtbar als die Qualität von Verhaltensweisen. Werden im unten stehenden Fragebogen die Beobachtungen 1-13 durchgängig häufig gemacht, so beschreiben sie konzentriertes Verhalten, werden sie durchgängig selten gemacht, schildern sie unkonzentriertes Verhalten. Umgekehrt beschreiben die Beobachtungen 14-46 im unten stehenden Fragebogen, wenn sie häufig gemacht werden, unkonzentriertes Verhalten. Werden die Beobachtungen 14-46 hingegen durchgängig selten gemacht, spricht dies für ein konzentriertes Verhalten.

Der hier leicht modifiziert und nur teilweise wiedergegebene Fragebogen von Westhoff, Rütten und Borggrefe (1990) wurde für 10- bis 16-Jährige in der Sekundarstufe I entwickelt. Für den Bereich der Grundschule müsste er angepasst werden. Bei Kindern in der Sekundarstufe I geht man davon aus, dass sie schon konzentriert in der Schule mitarbeiten können. Kinder in der Grundschule müssen dies erst lernen bzw. in den verschiedensten Unterrichtssituationen und -formen üben und konzentrierte Arbeitsgewohnheiten entwickeln.

Eine Lehrerin oder ein Lehrer braucht in diesem Fragebogen also nur die Häufigkeiten von Beobachtungen anzukreuzen, die sie bei einem bestimmten Kind in *einem* Fach gemacht haben.

		weiß ich nicht	fast nie	selten	oft	sehr oft
1.	Das Kind meldet sich, um etwas zum Unterricht beizutragen.	O	O	O	O	O
2.	Es hört aufmerksam zu.	O	O	O	O	O
3.	Auf Fragen antwortet es ohne langes Zögern oder Überlegen.	O	O	O	O	O
4.	Auch wenn andere stören, achtet es auf den Unterricht.	O	O	O	O	O
5.	Während des Unterrichts schaut das Kind auf mich oder das Arbeitsmaterial.	O	O	O	O	O

	weiß ich nicht	fast nie	selten	oft	sehr oft
6. Es schreibt das an die Tafel Geschriebene ohne zusätzliche Aufforderung mit.	O	O	O	O	O
7. Es meldet sich, um an die Tafel zu kommen.	O	O	O	O	O
8. Das Kind schreibt leserlich.	O	O	O	O	O
9. Es arbeitet in der Schule sicher und zielstrebig.	O	O	O	O	O
10. Es arbeitet sorgfältig.	O	O	O	O	O
11. Es prüft seine Aufgaben, wenn es diese beendet hat.	O	O	O	O	O
12. Es kann dem Unterricht folgen.	O	O	O	O	O
13. Es arbeitet mit.	O	O	O	O	O
14. Das Kind träumt vor sich hin.	O	O	O	O	O
15. Es beobachtet durch das Fenster, was draußen geschieht.	O	O	O	O	O
16. Es betrachtet die anderen in der Klasse.	O	O	O	O	O
17. Es spielt rum.	O	O	O	O	O
18. Es spricht mit seinen Nachbarn.	O	O	O	O	O
19. Es stößt andere an.	O	O	O	O	O
20. Es ärgert andere.	O	O	O	O	O
21. Wenn es von jemand anderem in der Klasse angesprochen wird, redet es mit ihm.	O	O	O	O	O
22. Wenn es ein Geräusch hört, schaut es sofort hin.	O	O	O	O	O

	weiß ich nicht	fast nie	selten	oft	sehr oft
23. Es albert herum und macht Späße.	○	○	○	○	○
24. Es ruht sich, so gut es geht, auf dem Stuhl und der Schulbank aus.	○	○	○	○	○
25. Es kann nicht ruhig sitzen.	○	○	○	○	○
26. Es rutscht hin und her und schaukelt mit den Beinen.	○	○	○	○	○
27. Es fällt ihm schwer, die Antworten der anderen Kinder genau zu wiederholen.	○	○	○	○	○
28. Es fällt ihm schwer, meine Fragen richtig zu beantworten.	○	○	○	○	○
29. Das Kind versteht vieles vom Unterrichtsstoff nicht.	○	○	○	○	○
30. Wenn es eine Frage beantwortet, macht es viele Fehler.	○	○	○	○	○
31. Es beantwortet Fragen ungenau.	○	○	○	○	○
32. Das Kind beantwortet Fragen nicht gern.	○	○	○	○	○
33. Das Kind gibt Antworten, die nichts mit dem Thema zu tun haben.	○	○	○	○	○
34. Es weiß nicht, was es machen soll.	○	○	○	○	○
35. Es streicht vieles von dem, was es schreibt, wieder durch.	○	○	○	○	○
36. Es ruft dazwischen.	○	○	○	○	○
37. Zu Anfang der Stunde arbeitet es mehr mit als zum Schluss der Stunde.	○	○	○	○	○

	weiß ich nicht	fast nie	selten	oft	sehr oft
38. Zum Ende der Stunde macht es mehr Fehler.	○	○	○	○	○
39. Es errät die Ergebnisse.	○	○	○	○	○
40. Es muss nachfragen, was gemacht werden soll.	○	○	○	○	○
41. Es schaut auf die Uhr.	○	○	○	○	○
42. Es will schnell fertig werden, auch wenn es dabei Fehler macht.	○	○	○	○	○
43. Gegen Ende der Stunde fällt es ihm schwerer, dem Unterricht zu folgen.	○	○	○	○	○
44. Es macht die gleichen Fehler nach kurzer Zeit wieder.	○	○	○	○	○
45. Ich fordere es auf, mitzumachen.	○	○	○	○	○
46. Es vermeidet, mich anzusehen.	○	○	○	○	○

Die oben dargestellten Beobachtungen können Kinder in der Sekundarstufe auch bei sich selbst machen und nach ihrer Häufigkeit beurteilen. Westhoff, Rütten und Borggrefe (1990) haben deshalb auch eine entsprechend in der ich-Form formulierte Variante des oben dargestellten Fragebogens für Schülerinnen und Schüler der Klassen 5 bis 10 entwickelt. Diese beiden Fragebögen können Lehrer und Schüler vergleichen, wenn ein Lehrer meint, dass ein Kind Probleme hat, sich zu konzentrieren. Häufigkeiten können beide Seiten sehr übereinstimmend beurteilen, wenn man sich darauf einigt, nur über Abweichungen von mehr als einer Kategorie zu sprechen. Dieser Vergleich der Häufigkeiten von Beobachtungen kann eine hilfreiche Grundlage für ein möglichst sachliches Gespräch zwischen Schüler und Lehrer sein. Wir werden darauf im nächsten Kapitel näher eingehen.

Klagt nicht nur ein Lehrer, sondern mehrere über Konzentrationsprobleme bei einem Kind, so können sie die Fragebögen für ihre jeweiligen Fächer ausfüllen und das Kind ebenfalls. Jetzt können alle zusammen vergleichen, was sie beobachten und gemeinsam nach den Bedingungen suchen und sich Maßnahmen zur Verringerung der Schwierigkeiten überlegen. Auch hierauf werden wir im nächsten Kapitel eingehen.

7.2 Beschreibung von Bedingungen für unkonzentriertes Verhalten

Jeder Lehrer kennt eine Reihe von Bedingungen, die es Schülern erschweren, sich zu konzentrieren. Hat ein Kind ohnehin schon etwas Probleme mit dem konzentrierten Arbeiten, so fällt es ihm unter solchen Bedingungen besonders schwer. Im zweiten Teil des Fragebogens für Lehrer wie auch für Schüler (Westhoff, Rütten & Borggrefe, 1990) werden diese gut beobachtbaren Bedingungen erfragt.

Aus Raumgründen wollen wir im Folgenden nur den Teil II der Variante des Fragebogens für Schüler darstellen, die um die letzten vier Fragen länger ist als die entsprechend formulierte Variante für Lehrer.

TEIL II

Gib bitte an, was deine Konzentration im gewählten Fach beeinflusst.

1. **Vielleicht stört dich an der Ausstattung eurer Klasse etwas ganz Besonderes. Bitte trage dies hier ein.**

    Es stört:..

    ....

2. **Wie empfindest du die Lautstärke in der Klasse?**

    O sehr laut   O weder laut noch leise   O leise

3. **Gibt es Wochentage, an denen du bei dir gehäuft unkonzentriertes Verhalten feststellst?**

    O nein
    O ja, am....................   in der......   Stunde, im Fach........................
    O ja, und am..............   in der......   Stunde, im Fach........................

4. **In welchen Situationen und unter welchen Bedingungen in der Klasse kannst du dich *nicht* gut konzentrieren?** (Mehrere Antworten möglich.)

    Ich kann mich nicht konzentrieren, wenn

    O ich still für mich arbeite,
    O ich von der Tafel abschreibe,
    O ich dem Lehrer/der Lehrerin oder den anderen in der Klasse zuhöre,
    O ich eine Klassenarbeit schreibe,
    O ich in einer Gruppe arbeite,
    O ich frei arbeiten kann,
    O es mir zu laut ist,
    O mir der Unterricht zu langweilig ist,
    O ich vor der Klasse reden soll,
    O der Unterricht in den letzten Stunden stattfindet,
    O Sonstiges:
    ....
    ....

5. **Woran liegt es, wenn du dich gut konzentrieren kannst?** (Mehrere Antworten sind möglich.)

   O Ich habe Spaß am Lernen.
   O Ich möchte gute Noten erzielen.
   O Ich interessiere mich für das Fach.
   O Ich finde den Lehrer/die Lehrerin gut.
   O Ich bin in den ersten drei Stunden noch aufnahmefähig.
   O Sonstiges:
   ....
   ....

6. **Woran liegt es, wenn du dich nicht so gut konzentrieren kannst?** (Mehrere Antworten sind möglich.)

   O Ich bin müde.
   O Ich interessiere mich nicht für das Fach.
   O Ich habe Probleme.
   O Ich finde den Lehrer/die Lehrerin nicht so gut.
   O Ich fühle mich überfordert.
   O Ich denke lieber an etwas anderes.
   O Sonstiges:
   ....
   ....

7. **Wie oft kommst du im Vergleich zu den anderen in der Klasse in dem gewählten Fach dran?**

   O eher öfter
   O genauso oft wie die anderen
   O eher nicht so oft
   O weiß ich nicht

8. **Welche Leistungen erbringst du im Vergleich zu deiner Klasse in dem gewählten Fach?**

   O Ich erbringe bessere Leistungen als die meisten anderen.
   O Ich erbringe genauso gute Leistungen wie die meisten anderen.
   O Ich erbringe schlechtere Leistungen als die meisten anderen.

9. **Wie schätzt du deine Beziehungen zu den anderen Kindern in der Klasse und zu deiner Lehrerin/deinem Lehrer im gewählten Fach ein?**

	ja	unentschieden	nein
Ich komme mit meinem Lehrer/ meiner Lehrerin gut zurecht.	O	O	O
Mein Lehrer/meine Lehrerin kommt mit mir gut zurecht.	O	O	O
Der Lehrer/die Lehrerin kommt mit der Klasse gut zurecht.	O	O	O
Der Lehrer/die Lehrerin ist in der Klasse beliebt.	O	O	O
Ich komme mit vielen in der Klasse gut klar.	O	O	O
Viele in der Klasse mögen mich.	O	O	O

10. **Was tut deine Lehrerin/dein Lehrer, wenn du dich unkonzentriert verhältst?** (Mehrere Antworten sind möglich.)

    O Er/sie bemerkt es gar nicht.
    O Er/sie ermahnt mich.
    O Er/sie schimpft.
    O Er/sie bemerkt es, geht aber darüber hinweg.
    O Er/sie erklärt das Gesagte noch mal.
    O Er/sie redet mit mir darüber.
    O Er/sie versucht, Verständnis zu haben.
    O Sonstiges:
    ....
    ....

11. Was tun andere Kinder in der Klasse, wenn du dich unkonzentriert verhältst? (Mehrere Antworten sind möglich.)

- O Sie fordern mich auf aufzupassen.
- O Sie lachen über mich.
- O Sie sind genervt.
- O Sie bemerken es nicht.
- O Sie bemerken es, gehen aber nicht darauf ein.
- O Sie versuchen mir zu helfen.
- O Sie wollen nichts mit mir zu tun haben.
- O Sonstiges:
    ....
    ....

12. Insgesamt schätze ich mich in meiner Klasse und in diesem Fach ein als

- O sehr konzentriert
- O konzentriert
- O wenig konzentriert

13. Hältst du es für möglich, dass du bei besserer Konzentration in diesem Fach bessere Noten bekommst?

- O ja
- O weiß ich nicht
- O nein

14. Hältst du es für möglich, dass du bei besserer Konzentration mit der Lehrperson besser zurechtkommst?

- O ja
- O weiß ich nicht
- O nein

15. Hast du schon einmal versucht, deine Konzentration in diesem Fach zu verbessern?

O ja
O nein

Bei „ja": Hattest du Erfolg mit diesem Versuch?

O ja, viel
O etwas
O nein, keinen

Was hast du versucht, um deine Konzentration zu verbessern?
....
....

16. Bist du daran interessiert, zusätzlich Anstrengungen zu unternehmen (eventuell gemeinsam mit der Lehrperson), damit du dich im Unterricht besser konzentrieren kannst?

O ja, sehr
O ein wenig
O weiß ich nicht
O nein

Sonstige Bemerkungen:
....
....

Im nächsten Kapitel wollen wir zeigen, was Lehrer/Lehrerin und Schüler/Schülerin mit diesen Informationen über das mehr oder weniger konzentrierte Arbeiten eines Schülers/einer Schülerin tun können, um mit eigenen Mitteln die Konzentrationsprobleme zu lösen. Falls das nicht gelingt, so stellen die erhobenen Daten eine wichtige Grundlage dar für eine entscheidungsorientierte psychologisch-diagnostische Strategie bei Konzentrationsproblemen in den Klassen 5-10, die wir im übernächsten Kapitel darstellen.

8 Konzentrationsprobleme in der weiterführenden Schule – Vorschläge für Lehrerinnen und Lehrer

Im vorigen Kapitel haben wir gezeigt, wie man zum Thema „Konzentration von Schülern" in der weiterführenden Schule die Beobachtungen von Schülern und Lehrern systematisch sammeln kann. Hier wollen wir darauf aufbauend zeigen, wie Lehrer die Konzentration bestimmter Schüler mit diesen gemeinsam diagnostizieren können, und dann auch zeigen, was sie gemeinsam tun können. Unsere Vorschläge zum Umgang mit dem *„Fragebogen zur Einschätzung von mehr oder weniger konzentriertem Verhalten in der Schule"* für Lehrer und Lehrerinnen aller Schulformen ab Klasse 5 (FBL) und dem *„Fragebogen zur Selbsteinschätzung von mehr oder weniger konzentriertem Verhalten in der Schule"* für Schüler und Schülerinnen im Alter von 11-16 Jahren (FBS) gliedern sich in die folgenden vier Unterkapitel:

1. Die Beteiligten beschreiben die störenden Verhaltensweisen.
2. Die Beteiligten vergleichen ihre Beobachtungen.
3. Die Beteiligten suchen systematisch nach den Bedingungen für mehr oder weniger konzentriertes Verhalten.
4. Die Beteiligten beraten gemeinsam, was getan werden kann.

8.1 Die Beteiligten beschreiben die störenden Verhaltensweisen

Bei dem „Fragebogen zur Einschätzung von mehr oder weniger konzentriertem Verhalten in der Schule" für Lehrerinnen und Lehrer aller Schulformen ab Klasse 5 (FBL) handelt es sich um ein Instrument, in dem zum einen konzentrierte und unkonzentrierte Verhaltensweisen beschrieben werden (Teil I) und zum anderen Bedingungen, welche die Konzentration beeinflussen können

(Teil II). Durch die Beantwortung der Aussagen und Fragen für ein bestimmtes Kind können Lehrpersonen feststellen, was sie in welchem Ausmaß stört. Vielleicht stellen sie aber auch fest, dass „das Kind gar nicht so schlimm ist". Praxisrelevanz ist dadurch gewährleistet, dass der FBL in Zusammenarbeit mit Lehrerinnen und Lehrern verschiedener Schulformen entstanden ist.

Neben der Fremdeinschätzung von mehr oder weniger konzentriertem Verhalten besteht auch noch die Möglichkeit der Selbsteinschätzung für Schüler. Der „Fragebogen zur Selbsteinschätzung von mehr oder weniger konzentriertem Verhalten in der Schule" für Schüler und Schülerinnen von 11 bis 16 Jahren (FBS) ist genauso aufgebaut wie der FBL und enthält die gleichen Fragen und Aussagen. In dieser Variante können die Kinder aus ihrer Sicht die Einschätzung ihres Verhaltens während des Unterrichts vornehmen. Die Auseinandersetzung mit dem FBS kann bei dem Kind zu einer Verhaltensänderung führen.

8.2 Die Beteiligten vergleichen ihre Beobachtungen

Dadurch, dass sowohl Lehrer als auch Schüler die gleichen Aussagen und Fragen beantworten, können FBL und FBS Punkt für Punkt auf Gemeinsamkeiten und Unterschiede hin verglichen werden. Schwerpunkte des Gesprächs sind dann die gefundenen Differenzen in der Wahrnehmung des Verhaltens sowie eindeutig unkonzentrierte Verhaltensweisen des Kindes.

8.3 Die Beteiligten suchen systematisch nach den Bedingungen für mehr oder weniger konzentriertes Verhalten

8.3.1 Anwendung der Fragebögen

Nicht nur Lehrer und Schüler, sondern auch mehrere Lehrer können die Verhaltensweisen eines bestimmten Kindes miteinander vergleichen.
Je nach Ausmaß der Konzentrationsstörung bieten sich folgende Möglichkeiten der Fragebogenanwendung an:

1. Ein Lehrer beurteilt einen Schüler.
2. Ein Lehrer füllt den FBL aus und der entsprechende Schüler den FBS (in einer Freistunde oder zu Hause).

3. Mehrere Lehrer vergleichen die von ihnen ausgefüllten FBL zu einem bestimmten Schüler.
4. Weitere Kombinationen, wie z.b. mehrere Lehrer und mehrere Schüler sind möglich, werden aber hier nicht ausgeführt.

Ziel soll es sein, Gemeinsamkeiten und Unterschiede in der Beobachtung des gleichen Verhaltens herauszufinden und darüber zu reden.

8.3.2 Ermittlung der Bedingungen für das unkonzentrierte Verhalten

Der FBL und der FBS helfen, systematisch nach Bedingungen für das unkonzentrierte Verhalten eines Schülers zu suchen, indem

- mehrere Lehrer vergleichen können, ob der Schüler das Verhalten in einer oder jeder Unterrichtsstunde zeigt; und
- indem die in dem FBL und FBS angesprochenen Bedingungen als erste Grundlage für eine systematische Suche dienen.

Ist der Schüler nur **in einer Schulstunde** unkonzentriert, kann man die Ursache suchen in:

- speziellen Lernproblemen
- Desinteresse für ein Fach oder an der Schule
- beeinträchtigender Klassenumgebung
- Verhaltensweisen des Lehrers/der Lehrerin
- der zeitlichen Lage der Unterrichtsstunde

Ist der Schüler **in mehreren Unterrichtsstunden** unkonzentriert, kann man die Ursache suchen in:

- der häuslichen Umgebung
- gesundheitlichen Störungen
- intellektueller Überforderung
- intellektueller Unterforderung
- Angst
- mangelnden Arbeitstechniken

8.4 Die Beteiligten beraten gemeinsam, was getan werden kann

Damit es zu einer Verhaltensänderung auf Seiten des Kindes kommen kann, ist es wichtig, dass alle Beteiligten besprechen, um welches Verhalten es geht, wodurch es eventuell bedingt ist, was es aufrechterhält und was weiter getan werden kann.

Der FBL und der FBS sind Grundlage für ein Gespräch, das sowohl Schülern als auch Lehrern helfen kann, einen geeigneten Lösungsansatz zu finden, um das gewünschte Verhalten zu erreichen.

Nehmen Sie sich für das Gespräch mit dem Schüler genügend Zeit, mindestens 1 Stunde. Überlegen Sie sich vorher, welches Verhalten Sie am meisten stört, und versuchen Sie nicht, alle Sie störenden Verhaltensweisen auf einmal anzugehen.

8.4.1 Regeln für ein konstruktives Gespräch

Es gibt Formulierungen, die sich im Gespräch ungünstig auswirken. Sie sollten daher möglichst vermieden werden:

- Statt einfach irgendwie anzufangen, muss von vornherein den Gesprächspartnern klar sein, über was gesprochen wird.
- Es soll keine Schuldfrage geklärt werden, denn ansonsten gerät der andere nur in eine Verteidigungsposition.
- Es soll keine Bewertung vorgenommen werden, denn jeder hat aus seiner Sicht gesehen Recht.
- Es soll kein Perfektionismus betrieben werden; nicht alle unangenehmen Verhaltensweisen lassen sich gleichzeitig bewältigen.
- Es sollten Verneinungen in der Satzformulierung vermieden werden. Besser ist es, anzugeben, was getan werden soll. (Beispiel: Statt „Ruf bitte *nicht* immer dazwischen", besser „Melde dich bitte, wenn du im Unterricht etwas sagen möchtest")
- Es sollten keine Warum-Fragen gestellt werden, da sie meist als Vorwurf gemeint und auch so aufgefasst werden. Besser ist es, offen mit „Wie" zu fragen. (Beispiel: Statt „Warum bist du immer so unkonzentriert im Unterricht?", besser „Wie kommt es, dass du während des Unterrichts „xyz" tust?")

8.4.2 Phasen eines lösungsorientierten Gesprächs

1. Phase: Unterschiedliche Beobachtungen wahrnehmen

Zunächst sollte sichergestellt sein, dass jeder Gesprächspartner erkennt, wie der andere die Situation und das Verhalten sieht. Jeder Gesprächspartner sollte erst bei dem bleiben, was er beobachtet und was der andere beobachtet. Dabei ist jede Interpretation, Erklärung oder Maßregelung zu vermeiden.
Typische Bemerkungen in dieser Phase könnten sein:

„Ich sehe das so, und wie siehst du das?"
„Mir fällt auf, dass du das anders beurteilt hast."
„Ich sehe, dass du das so beurteilst oder siehst."

2. Phase: Schwierigkeiten besprechen

Sowohl der Lehrer als auch der Schüler teilen in dieser Phase des Gesprächs einander mit, was ihnen in der gemeinsamen Unterrichtsstunde Schwierigkeiten macht.
Beispielsätze:

„Du schaust dauernd aus dem Fenster und ich habe den Eindruck, dass du nichts vom Unterricht mitbekommst."
„Du hast das als nicht so auffällig eingeschätzt, aber mich stört das Verhalten sehr."

3. Phase: Lösungen suchen

Jeder Gesprächspartner teilt konkret mit, mit welchem Verhalten er besser zurechtkäme. Danach können gemeinsam Änderungsvorschläge erarbeitet werden.
Beispielsätze:

„Wir überlegen jetzt, was wir besser machen können."
„Wie kann es besser werden?"
Lehrer: „Ich wünsche mir, dass du nur dann redest, wenn du dran bist."

Schüler: „Ich wünsche mir, dass Sie mehr Beispiele und Übungen zum Unterrichtsstoff bringen."

4. Phase: Lösungen vereinbaren

Ein Plan wird erarbeitet, der dem Schüler helfen soll, das wünschenswerte konzentrierte Verhalten zu zeigen.
Das Vorgehen könnte so aussehen:

a) Die Häufigkeit des störenden Verhaltens wird notiert.
b) Die Schulstunde wird in Zeitabschnitte aufgeteilt, z.B. in Einheiten von 10 oder 15 Minuten.
c) Der Schüler darf sich in einem Extra-Heft immer dann einen Punkt eintragen, wenn er das störende Verhalten nicht gezeigt hat und sich stattdessen wie gewünscht verhalten hat.
d) Lehrer und Schüler entwickeln eigene Ideen, wie das Verhalten im Unterricht geändert werden kann.

5. Phase: Kontrolle

Der Lehrer kontrolliert in gewissen Zeitabständen, ob sich der Schüler an die gemeinsam festgelegte Vereinbarung gehalten hat.

8.5 Wenn das Problem nicht in der Schule zu lösen ist

Wenn das Problem nicht allein im Unterricht zu lösen ist, kann die Lehrerin/der Lehrer die Eltern zu einem Gespräch einladen. Vielleicht können häusliche Bedingungen verändert werden. Bei überdauernder Konzentrationsstörung sollte zunächst ein Kinderarzt zur Abklärung organischer Störungen und dann ein Fachpsychologe eingeschaltet werden.

8.6 Empfehlungen bei Konzentrationsstörungen in den Klassen 5 bis 10

8.6.1 Fachspezifische Konzentrationsstörungen

Treten die Konzentrationsstörungen nur in einem Unterrichtsfach auf, dann sollten folgende Möglichkeiten geprüft werden:

Hat das Kind Probleme mit dem Lernen?

Hat das Kind dauernd Schwierigkeiten beim Lesen und/oder bei der Rechtschreibung?

Es gibt Kinder, die dadurch auffallen, dass sie beim Lesen und/oder bei der Rechtschreibung Schwierigkeiten haben.
Was kann getan werden?
Es muss von einem Psychologen abgeklärt werden, womit das Kind Schwierigkeiten beim Lesen und/oder Rechtschreiben hat.
Diese Schwierigkeiten können in einem speziellen Förderkurs angegangen werden.

Zeigt das Kind dauernd Schwierigkeiten im Rechnen?

Es gibt Kinder, die eine Schwäche im rechnerischen Bereich aufweisen.
Was kann getan werden?
Die Diagnostik muss vom Psychologen vorgenommen werden.
Liegt eine Rechenschwäche vor, so kann das Kind einen Förderkurs (Information beim Schulpsychologischen Dienst) besuchen, der das spezielle Problem angeht.

Interessiert sich ein Kind auffallend wenig für ein Fach?

Hat das Kind an einem bestimmten Fach kein Interesse, dann kann dies sowohl am Kind als auch am Lehrer liegen. Vielleicht ist das Kind aufgrund seiner bisherigen Lernerfahrung der Meinung, für das Fach nicht geeignet zu sein.

Möglicherweise wird das Desinteresse durch den jetzigen Lehrer mit bedingt, da er das Kind als schlechten Schüler wahrnimmt.
Was kann getan werden?
Im Gespräch kann geklärt werden, was das Desinteresse bedingt und welche Möglichkeiten der Lehrer sieht, das Interesse zu entwickeln und zu fördern.

Wie ist die Klassenumgebung?

Innerhalb einer Schulklasse kann sich Verschiedenes beeinträchtigend auf die Konzentrationsleistung des Kindes auswirken:
Es sind in der Klasse zu viele Schüler oder solche, die stark stören, so dass das Kind immer wieder abgelenkt wird.
In der Klasse herrscht ein starkes Leistungsgefälle; kümmert sich der Lehrer um die „Schwachen", dann langweilen sich die anderen und umgekehrt.
Das Klassenzimmer weist Mängel auf; es ist z.B. zu klein, hat defekte Fenster, ist zu dunkel, ist zu warm oder zu kalt, hat eine schlechte Akustik.
Was kann getan werden?
Die Klassenumgebung kann so gestaltet werden, dass sich möglichst alle wohl fühlen. Sind umfassende Änderungen nicht möglich, können kleine Veränderungen auch schon Erleichterung bringen:
Unkonzentrierte Schüler setzen sich am besten nach vorne, weil sie da näher am eigentlichen Geschehen sind und weniger durch andere abgelenkt werden können. Dort fehlen ihnen auch eher das Publikum oder die Mitmacher für eigene Aktivitäten, die den Unterricht stören.
Interessante Zusatzaufgaben, die auch Spaß machen, können für die leistungsstärkeren Kinder ausgesucht werden, während die unkonzentrierten gefördert werden.
Konzentriertes Verhalten sollte beim unkonzentrierten Kind verstärkt werden. Dies bedeutet, dass der Lehrer für das Kind erkennbar bemerkt, wenn es sich über sein übliches Maß hinaus konzentriert verhalten hat (Literatur zum Aufbau von erwünschtem Verhalten findet sich im kommentierten Literaturverzeichnis von Westhoff, Rütten und Borggrefe, 1990).

Welche Verhaltensweisen des Lehrers wirken auf die Konzentration?

Es gibt verschiedene Möglichkeiten, auf das Verhalten eines Kindes einzugehen. Die Freude am Arbeiten nimmt man dem Kind, wenn es erlebt, dass es entmutigt, ungerechtfertigt oder unangemessen getadelt, beleidigt, ignoriert, bedroht, gestraft oder beschimpft wird. Zeigt der Lehrer solches Verhalten, mag dies kurzfristig zwar wirksam sein, langfristig gesehen ist es aber besser, darauf zu verzichten.
Auch wenn der Lehrer als ungerecht, launisch oder schlecht vorbereitet erlebt wird, kann sich dies auf das Konzentrationsverhalten einzelner Kinder auswirken.
Was kann getan werden?
Das Kind kann lernen, Freude am Lernen zu haben. Der Lehrer kann dies fördern, indem er das Kind ermutigt und bestätigt, sich ihm zuwendet und so erwünschtes Verhalten verstärkt.
Der Lehrer kann die Eigeninitiative fördern.

Ist die zeitliche Lage der Unterrichtsstunde ungünstig?

Gegen Ende des Vormittags, also ab der 5. Schulstunde, ist die geistige Aufnahmefähigkeit an einem Tiefpunkt.
Was kann getan werden?
Es kann versucht werden, keine Hauptfächer in diese Stunden zu legen.

8.6.2 Konzentrationsstörungen in allen Unterrichtsstunden

Treten die Konzentrationsstörungen in allen Unterrichtsfächern auf, dann sollten folgende Möglichkeiten geprüft werden:

Wie ist die häusliche Umgebung?

Ist das Kind an geordnetes Arbeiten gewöhnt?

- Verfügt das Kind über alle Dinge, die es für die Schule braucht?
- Sind in der Schultasche nur die Dinge, die es wirklich braucht, und keine sonst?

- Ist der Arbeitsplatz übersichtlich gestaltet?
- Erledigt das Kind regelmäßig seine Hausaufgaben?

Was kann getan werden?
Es muss dafür gesorgt werden, dass dem Kind alle Arbeitsmittel zur Verfügung stehen.
Dem Kind können konkrete Tipps gegeben werden, wie es seine Dinge am besten ordnet.
Ein Plan für die Verteilung der Arbeiten am Tag bzw. in der Woche kann erarbeitet werden. Auf die Dauer sollte das Kind jedoch lernen, seine Arbeit selbständig einzuteilen und zu planen.

Wird das Kind während der Hausaufgaben abgelenkt?

- durch andere Personen, wie z.b. Freunde, Geschwister, Eltern oder andere Familienangehörige?
- durch Lärm, wie z.b. Straßenlärm, Radio, Telefon oder laufendes TV- oder Videogerät?
- durch ungünstige Lage des Arbeitsplatzes, wie z.b. mit Blick- und Hörkontakt zu Kindern, die drinnen und draußen spielen?
- durch Gegenstände auf dem Arbeitsplatz, die nicht zu den Schulsachen gehören?

Was kann getan werden?
In einem Gespräch mit dem Kind und eventuell mit den Eltern kann geklärt werden, was das Kind ablenkt und wie man die Situation verbessern kann.

Hat das Kind persönliche Probleme?

- Überdauernde und intensive Probleme können die Konzentration beeinträchtigen. Das Kind denkt möglicherweise immer wieder über seine Schwierigkeiten nach und kann so nicht bei der Sache bleiben.
- Auch Probleme mit anderen (Kindern, Erwachsenen) können die Gedanken des Kindes beschäftigen.

Was kann getan werden?
Man kann dem Kind als Gesprächspartner zur Verfügung stehen. In solchen Gesprächen können Lösungen für die Probleme gefunden werden. Es gibt aber auch Probleme, die nicht änderbar sind, sondern akzeptiert werden müssen. Aber auch dann kann es für das Kind hilfreich sein, einen Gesprächspartner gefunden zu haben, der seine Lage versteht.
Gegebenenfalls muss eine fachpsychologische Diagnose mit anschließender Beratung und/oder Therapie folgen.

Ist das Kind durch anderes überlastet?

- durch zu viel Nachhilfeunterricht?
- durch zu viele andere Tätigkeiten nebenbei wie z.B. übermäßiges Engagement in Sport, Musik, Fernsehen, Video, Hobbys oder momentane Interessen?

Was kann getan werden?
In einem Gespräch mit dem Kind und eventuell mit den Eltern kann geklärt werden, was wirklich für das Kind notwendig ist und auf was gegebenenfalls verzichtet werden kann, um das Kind zu entlasten.
TIPP: Es ist günstig, dass unverplante Zeit übrig bleibt, über die das Kind selbst bestimmen kann.

Wie verhalten sich die Eltern?

Andere Personen, vor allen Dingen die Eltern, sind Vorbilder für das Kind. Sind die Eltern selbst hektisch, unruhig und unkonzentriert, dann wird es dem Kind eher schwer fallen, ruhig und konzentriert bei einer Sache zu bleiben.
Was kann getan werden?
Je mehr die Eltern sich ihrer Vorbildfunktion bewusst sind und zu Hause Bedingungen schaffen, unter denen sich ein Kind eher konzentrieren kann, desto eher wird ein Kind das nicht nur in der Schule verlangte konzentrierte Verhalten zeigen können.

Hat das Kind ausreichend Schlaf?

Um sich konzentrieren zu können, braucht jedes Kind ausreichend Schlaf.
Was kann getan werden?
Wenn ein Kind allgemein gereizter und weniger belastbar erscheint, dann muss geprüft werden, ob das Kind zu wenig schläft. Am günstigsten ist es, wenn 11-13-Jährige um 21 Uhr ins Bett gehen und bis 7 Uhr ungestört schlafen. 14-16-Jährige sollten etwa von 22 Uhr bis 7 Uhr schlafen.
Es ist zu klären, ob das Kind einen tiefen und festen Schlaf hat. Zu unruhigem und flachem Schlaf kann es kommen durch:

- übertriebenen TV- und/oder Videokonsum vor dem Einschlafen, so dass zu viele Eindrücke im Schlaf verarbeitet werden müssen,
- Straßenlärm,
- andere Personen, die ebenfalls im Zimmer oder gleichen Bett schlafen
- schlecht ausgestattete Betten.

Wie gehen die Eltern mit dem Kind um?

Die Art und Weise, wie die Eltern auf das unkonzentrierte Verhalten des Kindes reagieren, wirkt sich auf das weitere Verhalten des Kindes aus. Entmutigende Kritik verstärkt in der Regel unkonzentriertes Verhalten.
Was kann getan werden?
Die Eltern können lernen, welche Hilfestellungen sie geben können, um konzentriertes Verhalten bei ihrem Kind zu fördern (Literatur im kommentierten Literaturverzeichnis von Westhoff, Rütten & Borggrefe, 1990).
Grundlage aller Förderung durch die Eltern ist das Vertrauen in die grundsätzlich vorhandene Leistungsfähigkeit des Kindes. Wenn hieran Zweifel bestehen, dann sollte eine psychologische Untersuchung erfolgen.

Hat das Kind einen Ansprechpartner?

Kinder brauchen jemanden, dem sie jeden Tag ihre Erlebnisse erzählen können.
Was kann getan werden?
Sprechen Sie mit dem Kind und eventuell auch mit den Eltern darüber, wie viel Zeit eine vom Kind gewünschte Person dafür hat.

Liegt bei dem Kind eine gesundheitliche Störung vor?

Eine Konzentrationsstörung ist keine Krankheit, sie kann aber als Folge einer Krankheit auftreten.
Was kann getan werden?
Es sollte vom Kinder- und Jugendarzt geprüft werden, ob das Kind gesund ist. Eine entscheidende Grundlage für alle Leistungen sind ausgewogene Ernährung, genügend körperliche Bewegung und erholsamer Nachtschlaf.

Ist das Kind intellektuell überfordert?

Was wie eine Konzentrationsstörung aussieht, kann die Folge einer intellektuellen Überforderung sein.
Was kann getan werden?
Wenn Sie den Eindruck haben, dass das Kind intellektuell überfordert ist, dann kann man versuchen, dies gemeinsam mit den anderen Lehrern abzuschätzen. Gegebenenfalls können sich dann die Eltern an einen Psychologen zur weiteren Abklärung wenden.

Ist das Kind intellektuell unterfordert?

Konzentrationsstörungen können auftreten, wenn das Kind intellektuell unterfordert ist. Dies ist häufig schwer zu erkennen, da die Kinder nicht unbedingt durch besondere Leistungen in der Schule auffallen.
Was kann getan werden?
Falls einer der Beteiligten den Eindruck hat, es könnte sich um eine Unterforderung handeln, sollte ein speziell ausgebildeter Psychologe eingeschaltet werden.

Hat das Kind Angst?

Angst kann dazu führen, dass man keinen klaren Gedanken fassen kann.
Was kann getan werden?
In einem vertrauensvollen Gespräch kann herausgefunden werden, wovor das Kind Angst hat. Es kann dann gemeinsam überlegt werden, was man dagegen tun kann.

Fehlen dem Kind Arbeitstechniken?

Sich über eine gewisse Zeit konzentriert zu verhalten, fällt leichter, wenn man über Techniken verfügt, die einem helfen.
Was kann getan werden?
Zuerst ist festzustellen, wie das Kind arbeitet, das heißt, welche Techniken es anwendet. Dann kann man sie gemeinsam mit ihm verbessern (Literatur dazu im kommentierten Literaturverzeichnis von Westhoff, Rütten & Borggrefe, 1990).

8.6.3 Beschreibung einer schulinternen kollegialen Weiterbildung

Da Konzentrationsprobleme in der Schule u.a. durch die Art des Unterrichtens mit bedingt sein können, besteht eine nahe liegende Intervention in der Verbesserung des Unterrichts. Wir sind dabei der Auffassung, dass die entsprechenden Kompetenzen in jedem Lehrerkollegium vorhanden sind. Leider gibt es kaum Versuche, systematisch von den anderen Lehrenden zu lernen. Dies könnte u.a. daran liegen, dass in der Ausbildung von Lehrern unrealistische Anforderungen an ihren Unterricht gestellt worden sind. Kritik am eigenen Unterricht wurde zum Trauma, das man nicht noch einmal erleben möchte. Ein zweites Problem scheint nach unseren Erfahrungen darin zu liegen, dass Lehrer extrem dazu neigen, Fehler – auch beim Unterrichten – zu sehen und zu kommentieren. Die positiven Aspekte eines zu beurteilenden Unterrichts gehen dabei weitgehend unter. Diese Einstellungen müssten vor der Verwirklichung unseres nun folgenden Vorschlags geändert werden.
Um den Unterricht in den Schulen weiter zu verbessern, schlagen wir als Anregung eine schulinterne kollegiale Weiterbildung vor, die folgendermaßen ablaufen könnte: Lehrer, die dazu bereit sind, lassen eine Videoaufnahme von ihrem Unterricht machen. Diese Aufnahme kann dann in Kleingruppen von Lehrern, die an Weiterbildung interessiert sind, unter den Gesichtspunkten diskutiert werden:

- Was war gut am Unterricht?
- Was könnte man davon in anderen Unterricht übertragen?
- Pro Unterrichtsstunde immer nur zu einem Punkt als Rückmeldung der Gruppe: Was hätte man wie besser machen können?

Die Lehrer haben durch die Videoaufnahme die Möglichkeit, ein Modell aus dem Alltag zu beobachten, dessen Verhalten sie ausschnittweise übernehmen können. Haben sich die Lehrer an diese kollegiale Weiterbildung gewöhnt, dann wird es ihnen leichter fallen, auch spezielle Schwierigkeiten aufzunehmen und miteinander zu besprechen. (Sollten Sie an einem Training in kollegialer Weiterbildung interessiert sein, wenden Sie sich bitte an die Verfasser.)

9 Eine entscheidungsorientierte psychologisch-diagnostische Strategie bei Konzentrationsproblemen in den Klassen 5 bis 10

Die Fragestellung, mit der sich Eltern an Psychologinnen und Psychologen wenden, kann lauten: „Unser Kind kann sich schlecht konzentrieren. Was können wir tun?" Um diese Frage beantworten zu können, müssen die Bedingungen untersucht werden, von denen man weiß, dass sie einen Einfluss auf die Konzentrationsleistung haben können. Diese Bedingungen werden zu Psychologischen Fragen (= Hypothesen) umformuliert. Ihre Beantwortung hilft, die Fragestellung zu beantworten und möglichst zufrieden stellende Entscheidungen vorzubereiten. Die Darstellungen in diesem Kapitel sind die überarbeitete Version der Arbeiten von Westhoff (1991 und 1993).

9.1 Psychologische Fragen (= Hypothesen)

9.1.1 Körperliche Voraussetzungen

1. Eine unabdingbare Voraussetzung für konzentriertes Arbeiten ist körperliche Gesundheit. Wie ist der Gesundheitszustand des Kindes, und welche körperlichen Beeinträchtigungen liegen vor?
2. Die im Laufe eines Tages auftretenden geistigen und körperlichen Höhen und Tiefen wirken sich auf die Konzentrationsleistung aus. Zu welcher Tageszeit hat das Kind Leistungshöhen und -tiefen?
3. Eine Grundvoraussetzung für konzentriertes Arbeiten ist ausreichender und erholsamer Schlaf. Wie sehen die Schlafgewohnheiten des Kindes aus?

9.1.2 Äußere Bedingungen

Lernt und arbeitet ein Kind in einer Umgebung, die es stört, dann fällt es ihm schwerer, sich zu konzentrieren, als in einer ruhigen, ungestörten Umgebung. Unter welchen äußeren Bedingungen lernt das Kind?

9.1.3 Motivationale Bedingungen

1. Konzentriertes Arbeiten fällt viel leichter, wenn sich jemand für das interessiert, was zu lernen ist. Für was interessiert sich das Kind?
2. Ziele, Ängste und Befürchtungen können zu Leistungen motivieren oder diese hemmen und blockieren. Welche Ziele, Ängste und Befürchtungen hat das Kind?
3. Die Vorstellungen eines Kindes von seiner nahen und ferneren Zukunft bestimmen sein Leistungsverhalten mit. Wie sehen die Zukunftsvorstellungen des Kindes aus?

9.1.4 Intellektuelle Leistungsfähigkeit

1. Ein Kind kann dem Unterricht auf Dauer nur dann konzentriert folgen, wenn es intellektuell weder unter- noch überfordert wird. Daher ist die intellektuelle Leistungsfähigkeit des Kindes festzustellen.
2. Um erfolgreich arbeiten zu können, muss ein Kind gewohnheitsmäßig angemessen arbeiten, d.h., einen angemessenen Arbeitsstil zeigen. Wie sieht der Arbeitsstil des Kindes aus, d.h., wie arbeitet es gewöhnlich?
3. Spezielle Probleme, z.B. mit dem Lesen, Schreiben oder Rechnen, können das konzentrierte Arbeiten beeinträchtigen. Hat das Kind Schwierigkeiten beim Lesen, Schreiben oder Rechnen?
4. In der Schule ist es häufig erforderlich, dass ein Kind ihm wohlvertraute Tätigkeiten möglichst schnell und fehlerfrei, oft auch über eine längere Zeit hinweg, ausführen kann, d.h., dass es sich konzentrieren kann. Daher ist die Konzentrationsfähigkeit des Kindes festzustellen.

9.1.5 Soziale Bedingungen

1. Die Einstellung zum Lernen und zur Leistung übernehmen Kinder häufig von den Personen, die für sie wichtig sind wie Eltern, Freunde, Klassenkameraden oder Lehrer. Welche wichtigen Personen gibt es für das Kind und welche Einstellung haben sie zu Lernen und Leistung?
2. Lassen die Verpflichtungen einem Kind zu wenig freie Zeit, dann kann dies das Kind überfordern und zu unkonzentriertem Verhalten führen. Welche Verpflichtungen hat das Kind?
3. Die Wünsche und Erwartungen der Eltern wirken sich auf das Verhalten zu ihrem Kind aus. Unter- oder überfordern sie ihr Kind, so kann dies die Arbeitsweise des Kindes beeinträchtigen. Welche Wünsche und Erwartungen haben die Eltern an das Kind?

9.1.6 Emotionale Bedingungen

1. Bei persönlichen Problemen, z.B. mit sich selbst, mit Freunden, in der Familie oder in der Schule, kann ein Kind sich in Gedanken oft mit diesen Schwierigkeiten beschäftigen, und es fällt ihm dann schwer, konzentriert zu arbeiten. Welche persönlichen Probleme hat das Kind?
2. Es gibt Menschen, die sich durch auftretende Schwierigkeiten schnell überfordert fühlen und nicht mehr konzentriert arbeiten können, während andere das weniger beeinträchtigt und sie weiter hinreichend konzentriert arbeiten können, d.h., Menschen sind unterschiedlich emotional belastbar. Daneben gibt es Verhaltensweisen, die bei persönlichen Problemen eher zu Lösungen führen, und andere, die das nicht tun oder die Probleme gar verschärfen. Wie stark ist das Kind emotional belastbar, und wie geht es mit persönlichen Problemen um?

9.2 Informationsquellen

Zur Beantwortung der Psychologischen Fragen können folgende Personen bzw. Personengruppen mit Informationen helfen: (1) Kind bzw. Jugendlicher selbst, (2) seine Eltern, (3) Lehrerinnen und Lehrer, (4) sonstige Personen, die das Kind oder den Jugendlichen gut kennen.
Für die Beantwortung der Psychologischen Fragen ergeben sich Informationen aus folgenden Arten von Informationsquellen: (1) Gespräche, (2) Fragebögen,

(3) Tests, (4) Verhaltensbeobachtungen, (5) Zeugnisse und Beurteilungen, (6) medizinische Befunde, (7) sonstige Unterlagen.

9.3 Kombination von Psychologischen Fragen und Informationsquellen

In einer Matrix notieren wir die Informationsquellen, die wir für die Beantwortung jeder Psychologischen Frage verwenden wollen. Eine solche Matrix hat den Vorteil, dass man systematisch plant und so weniger leicht eine relevante Informationsquelle vergisst. Aus Raumgründen kann hier nicht eine Matrix, sondern nur eine Tabelle vorgestellt werden.

Bei der Auswahl von standardisierten Verfahren verwenden wir in der entscheidungsorientierten Diagnostik die von Westhoff und Kluck (2003, Seiten 77-91) zusammengestellten Kriterien. Daneben müssen wir uns bei Konzentrationstests überlegen, welche Aspekte der Konzentrationsfähigkeit wir prüfen und welchen Typ von Konzentrationstest wir anwenden wollen.

Das Tempo konzentrierten Arbeitens, operationalisiert über die Gesamtzahl aller bearbeiteten Aufgaben (GZ) oder über die Gesamtzahl aller richtig bearbeiteten Aufgaben (GZ-F), lässt sich mit den meisten Konzentrationstests sehr zuverlässig und gültig messen. Der Anteil der Konzentrationsfehler (F%) beim konzentrierten Arbeiten lässt sich jedoch nur dann hinreichend zuverlässig messen, wenn ein Konzentrationstest mindestens 20 Minuten dauert (Westhoff & Hagemeister, 1992).

Sollte das Kind Schwierigkeiten mit dem Lesen haben, so ist zuerst zu prüfen, ob es mit dem Durchstreich-Konzentrationstest arbeiten kann. Einen Rechen-Konzentrationstest werden wir nur dann einsetzen, wenn das Kind die dort vorkommenden Rechenarten und -aufgaben sicher beherrscht.

Besucht ein Kind eine der Klassen 5 bis 10 und hat es schon in der Schule gemeinsam mit einer Lehrperson versucht, die Konzentrationsprobleme systematisch anzugehen, so verwenden wir die Informationen aus dem „Fragebogen für Lehrer" (FBL) ebenso wie die aus dem „Fragebogen für Schüler" (FBS) aus den „Hilfen bei Konzentrationsproblemen in den Klassen 5 bis 10" von Westhoff, Rütten und Borggrefe (1990).

Für die systematische Erfassung der Probleme von 11- bis 14-Jährigen hat sich der Problemfragebogen von Westhoff, Geusen-Asenbaum, Leutner und Schmidt (1982) bewährt. Die Probleme von Kindern werden hier erfragt und nach zwei Arten strukturiert: (1) im Fragebogen nach fünf psychosozialen Bereichen, nämlich „Über mich", „Meine Familie", „Ich und die anderen",

„Meine Schule", „Allgemeines", (2) bei der Auswertung zusätzlich nach einer an Maslow orientierten Ordnung von Bedürfnissen. „Bedürfnis nach Sicherheit", „Zugehörens- und Liebesbedürfnis", „Wertschätzungsbedürfnis", „Bedürfnis nach Selbstverwirklichung" und „Bedürfnis nach Verstehen der Umwelt und Lebenssituation". Mit Einschränkungen kann die Zielgruppe des Fragebogens auch auf 10- bis 16-Jährige erweitert werden.

Bei der Diagnostik von Konzentrationsproblemen erhält man die meisten Informationen aus den entscheidungsorientierten Gesprächen mit dem Kind oder Jugendlichen selbst und mit seinen Eltern. Je ein Leitfaden für das entscheidungsorientierte Gespräch (Westhoff & Kluck, 2003, 99-116) mit dem Kind oder Jugendlichen bzw. mit seinen Eltern finden sich bei Westhoff (1991, 139-142 bzw. 142-145). Beide Leitfäden sind gleich aufgebaut und sind in die folgenden elf Bereiche gegliedert:

1. Beschreibung der momentanen Situation: Der Leitfaden beginnt hiermit, da es in der Regel am günstigsten ist, wenn man Probanden zunächst ihre Sicht einer Problemsituation darstellen lässt.
2. Bisheriger Verlauf der Schwierigkeiten: Häufig schildern Probanden dabei spontan, wie sich die beklagten Schwierigkeiten entwickelt haben. Für den Fall, dass sie das nicht tun, ist dieser Punkt im Leitfaden ausgearbeitet.
3. Auftreten der Konzentrationsschwierigkeiten: Durch einen systematischen Vergleich aller relevanten Situationen kann man herausfinden, ob die Konzentrationsschwierigkeiten generell oder nur in bestimmten Klassen von Situationen auftreten.

Die Interviewpartner berichten in diesem ersten Abschnitt sehr viele der Informationen, die im späteren Verlauf des Interviews vorgesehen sind. Wir lassen dies zu, da wir uns aufgrund unseres Leitfadens darauf gut einstellen können. Hinreichend konkret geschilderte Verhaltensweisen erfragen wir dann später nicht noch einmal, sondern wir beziehen uns auf diese Schilderungen und erfragen nur noch fehlende Ausschnitte. Entsprechend den oben genannten Psychologischen Fragen (= Hypothesen) nennen die Überschriften der folgenden sechs Abschnitte die zu explorierenden Bedingungen für Konzentrationsschwierigkeiten:

4. körperliche Bedingungen;
5. äußere Bedingungen;
6. motivationale Bedingungen;
7. intellektuelle Unter- oder Überforderung;

8. soziale Bedingungen;
9. emotionale Bedingungen.
10. Bisherige Versuche, die Schwierigkeiten zu bewältigen: Eine wichtige Grundlage für die Beratung und eventuelle Therapie sind die bisherigen Versuche, die eigenen Probleme zu lösen.
11. Zusammenhängender Überblick: Viele isoliert dargestellte Vorgänge können von ihrer zeitlichen Dauer und ihrer Bedeutung her im Alltag eines Menschen zutreffender beurteilt werden, wenn man sich typische längere Ausschnitte aus dem Leben schildern lässt wie z.b. den letzten gewöhnlichen Schultag oder das letzte Wochenende, das so war, wie Wochenenden meist für das Kind verlaufen.

Mit einer solchen expliziten Planung eines Gesprächs ist zugleich auch die Auswertung vorbereitet. Die Hypothesen bilden die Grundstruktur eines möglichen Kategoriensystems. Der Leitfaden liefert die notwendige differenzierte Struktur.

Der Leitfaden für das entscheidungsorientierte Gespräch ermöglicht ferner systematische Verhaltensbeobachtungen und hilft, die sich im diagnostischen Prozess mehr oder weniger zufällig ergebenden Verhaltensbeobachtungen einzuordnen und für die diagnostische Urteilsbildung kontrolliert zu nutzen.

Tab. 2: *Variablen aus den Psychologischen Fragen und ihnen zugeordnete Quellen für Informationen zur Beantwortung der Psychologischen Fragen*

Variable:	Informationsquelle:
* Gesundheitszustand	DEF, PF11-14, EOG: Eltern/Kind, VB
* Tageszeitliche Höhen und Tiefen	EOG: Eltern/Kind
* Schlafgewohnheiten	EOG: Eltern/Kind
* Interessen	EOG: Eltern/Kind
* Wünsche, Ängste, Befürchtungen des Kindes	PF11-14, EOG: Eltern/Kind
* Zukunftsvorstellungen des Kindes	EOG: Eltern/Kind
* äußere Lernbedingungen	DEF, PF11-14, EOG: Eltern/Kind, VB
* intellektuelle Leistungsfähigkeit	DEF, PF11-14, Zeugnisse, Beurteilungen, EOG: Eltern/Kind
* Arbeitsstil	Beurteilungen, EOG: Eltern/Kind, VB
* Schwierigkeiten beim	allgemein: DEF, Zeugnisse, Beurteilungen, EOG: Eltern/Kind, VB
– Rechnen,	eventuell: Rechentest
– Lesen,	eventuell: VB: Leseprobe
– Schreiben	eventuell: Rechtschreibtest
* Konzentrationsfähigkeit	DEF, Beurteilungen, VB, EOG: Eltern/Kind, Konzentrationstest entsprechend spezifischer Überlegungen, eventuell: FBL und FBS der „Hilfen bei Konzentrationsproblemen in den Klassen 5 bis 10"
* Einstellung zu Lernen und Leistung bei wichtigen anderen	DEF, EOG: Eltern/Kind
* Verpflichtungen	DEF, EOG: Eltern/Kind
* Wünsche und Erwartungen der Eltern an das Kind	DEF, PF11-14, EOG: Eltern/Kind
* persönliche Probleme des Kindes	DEF, PF11-14, EOG: Eltern/Kind
* emotionale Belastbarkeit, Umgang mit Belastungen	DEF, PF11-14, EOG: Eltern/Kind, VB

Anmerkungen: DEF = Diagnostischer Elternfragebogen, PF11-14 = Problemfragebogen für 11- bis 14-Jährige, EOG = Entscheidungsorientiertes Gespräch, VB = Verhaltensbeobachtung.

9.4 Überlegungen zum Vorgehen

Wenn wir alle Instrumente für die diagnostische Untersuchung unter Berücksichtigung von Kosten und Nutzen zusammentragen bzw. erstellt haben, legen wir fest, in welcher Reihenfolge die einzelnen Untersuchungsschritte erfolgen sollen. Wenn es möglich ist, planen wir eine sequentielle Strategie. Nach Westhoff und Kluck (2003) wird dabei nur dann eine weitere Quelle diagnostischer Informationen herangezogen, wenn dies für die Beantwortung der Fragestellung mehr Nutzen als Kosten verspricht.

Eine Reihe wichtiger Informationen lässt sich sehr leicht standardisiert mit dem Diagnostischen Elternfragebogen (DEF) (Dehmelt, Kuhnert & Zinn, 1975) vor der eigentlichen psychologischen Untersuchung erheben. Damit spart man Zeit beim persönlichen Kontakt und hat für das weitere Vorgehen wichtige Informationen. Weiter spart man Zeit, wenn man sich Kopien der Zeugnisse und Beurteilungen des Kindes vor der eigentlichen psychologischen Untersuchung schicken lässt, damit man im entscheidungsorientierten Gespräch hierzu weiterführende Fragen stellen kann. Auch andere Informationsquellen aus der Tabelle 1 wird man sequentiell nutzen: Nur wenn Hinweise auf Schwierigkeiten beim Rechnen, Rechtschreiben oder Lesen gegeben sind, wird man in einem weiteren Untersuchungsschritt einen passenden Rechentest oder Rechtschreibtest einsetzen oder mit dem Kind eine Leseprobe machen.

Bei der Vorbereitung einer psychologisch-diagnostischen Untersuchung hat man immer gewisse Vorinformationen, aufgrund deren man sich vorstellt, wie sich der Proband verhalten wird. Solche vorgestellten Verhaltensweisen bewertet jeder als mehr oder weniger angenehm oder unangenehm, als sympathisch oder unsympathisch. Wenn Diagnostiker möglichst objektiv diagnostizieren wollen, so müssen sie die Gefühle, die die zu untersuchenden Personen bei ihnen auslösen, wahrnehmen und angemessen bearbeiten. Eine gute psychologisch-diagnostische Untersuchung braucht also auch eine emotionale Vorbereitung auf Seiten des Diagnostikers (vgl. Westhoff & Kluck, 2003, 113 f.).

Ein Leitfaden für ein entscheidungsorientiertes diagnostisches Gespräch ist ein vollständig ausgearbeiteter Plan für ein solches Gespräch, der aber nicht wie ein Fragebogen zu verwenden ist. Der Leitfaden stellt dem Diagnostiker eine brauchbare Struktur für das Gespräch zur Verfügung. Jedoch sind nur Fragen zu solchen Inhalten zu stellen, die der Interviewpartner nicht von sich aus spontan auf die offenen Eingangsfragen zu jedem Abschnitt berichtet hat.

9.4.1 Leitfaden für ein entscheidungsorientiertes Gespräch mit dem Kind bzw. Jugendlichen

Wir geben hier aus Raumgründen nur den Teil des Leitfadens wieder, der sich auf die Erhebung der diagnostisch relevanten Informationen bezieht. Der Einleitungsteil, die begründenden Erklärungen zu Beginn jeden Abschnitts sowie die Zusammenfassungen und der Schlussteil mit einem Ausblick auf das weitere Vorgehen entfallen hier, um einen möglichst guten Überblick über die zu stellenden Fragen zu ermöglichen.

1. **Beschreibung der momentanen Situation**
   1.1. Erzähle doch mal, was dazu führte, dass du hierher gekommen bist.
   1.2. Hast du in der Schule Schwierigkeiten? Wenn ja: Welche?
   1.3. Und wie sieht das zu Hause aus?

2. **Bisheriger Verlauf der Schwierigkeiten**
   2.1. Wann hat das eigentlich angefangen?
   2.2. Wie ist das denn bisher so gelaufen?
   2.3. Wie war das
   - als du auf die weiterführende Schule gekommen bist?
   - in der Grundschule?
   - im Kindergarten?

3. **Auftreten der Konzentrationsschwierigkeiten**
   3.1. In welchen Fächern hast du Konzentrationsschwierigkeiten?
   3.2. Wie sieht das konkret aus?
   3.3. Wie sieht es in den anderen Fächern aus?
   3.4. Wie ist das, wenn du außerhalb der Schule was machst,
   - wenn du alleine spielst?
   - wenn du mit anderen spielst?
   - wenn du TV/Video schaust?
   - wenn du mit etwas beschäftigt bist, das dir Spaß macht?

Konzentrationsschwierigkeiten können unter verschiedenen Bedingungen auftreten. Deshalb ist es am besten, wenn wir alle Bedingungen durchgehen.

4. **Körperliche Bedingungen für Konzentrationsschwierigkeiten**
   4.1. Wie geht es dir gesundheitlich?
   4.2. Wie ist das bisher gewesen? Welche Krankheiten hast du gehabt?

4.3. Hast du schon einen Unfall gehabt? Wenn ja: Wie ist das passiert?
4.4. Bist du körperlich beeinträchtigt? Wenn ja: Durch was?
4.5. Zu welcher Tageszeit fällt es dir leicht zu lernen?
4.6. Wann fällt es dir eher schwer?
4.7. Wie sieht das denn bei dir mit dem Schlafen aus?
    4.7.1. Wann gehst du ins Bett?
    4.7.2. Was machst du, bis du einschläfst?
    4.7.3. Wann schläfst du ein?
    4.7.4. Wann stehst du morgens auf?
    4.7.5. Wie fühlst du dich dann?
    4.7.6. Bist du ausgeschlafen?
    4.7.7. Schläfst du durch?

5. **Äußere Bedingungen für Konzentrationsschwierigkeiten**
   5.1. Erzähle doch mal, wie das üblicherweise abläuft, wenn du deine Hausaufgaben machst.
      5.1.1. Wo lernst du? (Im eigenen Zimmer? / In der Küche? Im Wohnzimmer? / Wo sonst?)
      5.1.2. Wie lernst du? (Allein? Wenn nein, wer ist noch dabei? / Selbstständig? / Unter Anleitung? / Wie sonst?)
      5.1.3. Wie sieht dein Arbeitsplatz aus? (Gibt es etwas, das dich ablenkt? Wenn ja: Was?)
      5.1.4. Was machst du, bis du mit den Hausaufgaben anfängst?
      5.1.5. Wann fängst du mit den Hausaufgaben an?
      5.1.6. Wie lange arbeitest du an den Hausaufgaben?
      5.1.7. Wann unterbrichst du die Hausaufgaben? Was tust du dann?
      5.1.8. Wie gehst du bei den Hausaufgaben vor?
      5.1.9. Wie verteilen sich die Hausaufgaben in der Woche?

6. **Motivationale Bedingungen für Konzentrationsschwierigkeiten**
   6.1. Für welche Fächer interessierst du dich in der Schule?
      6.1.1. Was findest du daran gut?
      6.1.2. Was findest du daran nicht so gut?
   6.2. Welche Fächer interessieren dich in der Schule nicht so sehr?
      6.2.1. Was findest du daran nicht so gut?
      6.2.2. Was findest du daran vielleicht doch gut?
   6.3. Was machst du denn außerhalb der Schule?
      Bei jeder Antwort fragen:
      6.3.1. Was findest du daran gut?

6.3.2. Was findest du daran nicht so gut?
6.4. Was magst du? Woran hast du Spaß? Worüber freust du dich?
6.5. Was macht dir nicht so viel Spaß? Was ärgert/kränkt/verletzt dich?
6.6. Was wünschst du dir?
6.7. Wovor hast du Angst?
6.8. Was ist dir wichtig? Was bedeutet dir was?
6.9. Was spielt für dich keine Rolle?
6.10. Wie stellst du dir deine Zukunft vor?
6.11. Wie stellst du dir die nächste Zeit in der Schule vor?

7. **Intellektuelle Unter- oder Überforderung als Bedingung für Konzentrationsschwierigkeiten**
7.1. Denkst du, dass du in der Schule viel mehr leisten könntest, als von dir verlangt wird? Wenn ja: Wobei?
7.2. Denkst du, dass in der Schule viel zu viel von dir verlangt wird? Wenn ja: Wobei?
7.3. Hast du Schwierigkeiten beim Rechnen? Wenn ja: Wie sehen die aus?
7.4. Hast du Schwierigkeiten beim Lesen? Wenn ja: Wie sehen die aus?
7.5. Hast du Schwierigkeiten in der Rechtschreibung? Wenn ja: Wie sehen die aus?
7.6. Was liegt dir?
7.7. Was liegt dir weniger?

8. **Soziale Bedingungen für Konzentrationsschwierigkeiten**
8.1. Was hältst du eigentlich vom Lernen?
8.2. Wie sieht das denn bei deinen Eltern aus? Was halten die vom Lernen?
8.3. Was halten andere für dich wichtige Personen vom Lernen?
8.4. Und deine Freunde, wie finden die das Lernen?
8.5. Wie ist das für dich, dass du Konzentrationsschwierigkeiten hast?
8.6. Wie finden das deine Eltern? Und deine Geschwister?
8.7. Was sagen deine Freunde zu den Schwierigkeiten?
8.8. Musst du zu Hause bestimmte Aufgaben regelmäßig machen? Wenn ja: Welche? Wie kommst du damit zurecht?
8.9. Was wünschen sich deine Eltern von dir?

9. Emotionale Bedingungen für Konzentrationsschwierigkeiten
9.1. Wie findest du denn die Schule?
    9.1.1. Was findest du gut an ihr?
    9.1.2. Was findest du nicht so gut?
9.2. Wie kommst du mit deinen Klassenkameraden aus?
    9.2.1. Was findest du an ihnen gut?
    9.2.2. Was findest du an ihnen weniger gut?
    9.2.3. Wie kommst du mit deinen Lehrerinnen und Lehrern zurecht? Bei jeder genannten Person fragen:
9.3. Was findest du an dieser Lehrerin / diesem Lehrer gut?
    9.3.1. Was findest du an dieser Lehrerin / diesem Lehrer nicht so gut?
9.4. Hast du Freunde? Wenn ja: Wie kommst du mit denen zurecht?
    9.4.1. Was findest du an ihnen gut?
    9.4.2. Was findest du an ihnen weniger gut?
9.5. Wie gehst du mit Schwierigkeiten um?
9.6. Wie ist das für dich, wenn du erfolgreich bist? Wie verhältst du dich dann?
9.7. Wie ist das für dich, wenn etwas nicht so geklappt hat?
9.8. Wie empfindlich bist du?
9.9. Machst du dir wegen deiner Familie Sorgen? Wenn ja: Was beschäftigt dich da?

10. Bisherige Versuche, die Schwierigkeiten zu bewältigen
10.1. Hast du was unternommen, um mit den Konzentrationsschwierigkeiten besser fertig zu werden? Wenn ja: Was? Was hat das gebracht?
10.2. Haben deine Eltern was gegen deine Konzentrationsschwierigkeiten unternommen? Wenn ja: Was? Was hat das gebracht?

11. Zusammenhängender Überblick
Wir haben jetzt über viele einzelne Bereiche gesprochen. Damit sich das alles zu einem Ganzen zusammenfügt, möchte ich dich bitten:
    11.1. den gestrigen Tag (wenn es ein gewöhnlicher Werktag war) zu schildern;
    11.2. zu erzählen, wie das letzte Wochenende verlaufen ist.

9.4.2 Leitfaden für ein entscheidungsorientiertes Gespräch mit den Eltern

Wir geben auch hier wieder aus Raumgründen nur den Teil des Leitfadens wieder, der sich auf die Erhebung der diagnostisch relevanten Informationen bezieht. Der Einleitungsteil, die begründenden Erklärungen zu Beginn jeden Abschnitts sowie die Zusammenfassungen und der Schlussteil mit einem Ausblick auf das weitere Vorgehen entfallen hier, um einen möglichst guten Überblick über die Fragen zu ermöglichen.

1. **Beschreibung der momentanen Situation:**
   1.1. Erzählen Sie doch mal, was Sie hierher geführt hat.
   1.2. Was für Schwierigkeiten beobachten Sie denn zu Hause?
   1.3. Was berichten die Lehrerinnen und Lehrer in der Schule?
   1.4. Was erzählen andere wichtige Personen, wie z.B. Großeltern / Tagesmutter / Nachhilfelehrer?

2. **Bisheriger Verlauf der Schwierigkeiten:**
   2.1. Wann hat das eigentlich angefangen?
   2.2. Wie ist das bisher gelaufen?
   2.3. Wie war das, als Ihr Kind auf die weiterführende Schule gekommen ist?
   - in der Grundschule?
   - im Kindergarten?

3. **Auftreten der Konzentrationsschwierigkeiten:**
   3.1. In welchen Fächern hat Ihr Kind Konzentrationsschwierigkeiten? Wie sieht das konkret aus?
   3.2. Wie sieht es in den anderen Fächern aus?
   3.3. Wie ist es denn, wenn Ihr Kind außerhalb der Schule etwas macht,
   - wenn es alleine spielt?
   - wenn es mit anderen spielt?
   - wenn es TV/Video schaut?
   - wenn es sich mit etwas beschäftigt, das ihm Spaß macht?

Konzentrationsschwierigkeiten können unter verschiedenen Bedingungen auftreten. Deshalb ist es am besten, wenn wir alle Bedingungen durchgehen.

4. **Körperliche Bedingungen für Konzentrationsschwierigkeiten**
   4.1. Wie geht es Ihrem Kind gesundheitlich?
   4.2. Wie ist das bisher gewesen? Welche Krankheiten hat Ihr Kind gehabt?
   4.3. Hat Ihr Kind einen Unfall gehabt? Wenn ja: Was ist passiert?
   4.4. Ist Ihr Kind irgendwie körperlich beeinträchtigt? Wenn ja: Wie?
   4.5. Zu welcher Tageszeit lernt Ihr Kind leicht?
   4.6. Wann fällt ihm das Lernen eher schwer?
   4.7. Wie sieht das denn bei Ihrem Kind mit dem Schlafen aus?
      4.7.1. Wann geht Ihr Kind ins Bett?
      4.7.2. Was macht Ihr Kind, bis es schläft?
      4.7.3. Wann schläft Ihr Kind ein?
      4.7.4. Wann steht Ihr Kind morgens auf?
      4.7.5. Wie fühlt es sich dann?
      4.7.6. Wirkt es ausgeschlafen?
      4.7.7. Hat es durchgeschlafen?
      4.7.8. Was berichtet es über die Nacht?

5. **Äußere Bedingungen für Konzentrationsschwierigkeiten**
   5.1. Wie läuft das denn üblicherweise ab, wenn Ihr Kind seine Hausaufgaben macht?
      5.1.1. Wo lernt Ihr Kind? (Im eigenen Zimmer? / In der Küche? / Im Wohnzimmer? / Wo sonst?)
      5.1.2. Wie lernt Ihr Kind? (Allein? Wenn nein: Wer ist sonst noch dabei? / Selbstständig? / Unter Anleitung? / Wie sonst?)
      5.1.3. Wie sieht der Arbeitsplatz des Kindes aus? Gibt es Möglichkeiten zur Ablenkung? Wenn ja: Welche?
      5.1.4. Was macht Ihr Kind, bis es mit den Hausaufgaben anfängt?
      5.1.5. Wann fängt es mit den Hausaufgaben an?
      5.1.6. Wie lange sitzt Ihr Kind an den Hausaufgaben?
      5.1.7. Wann unterbricht Ihr Kind die Hausaufgaben? Was tut es dann?
      5.1.8. Wie geht es bei den Hausaufgaben vor?
      5.1.9. Wie verteilen sich die Hausaufgaben in der Woche?

6. **Motivationale Bedingungen für Konzentrationsschwierigkeiten**
   6.1. Für welche Fächer interessiert sich Ihr Kind?
      6.1.1. Was findet es daran gut?
      6.1.2. Was findet es daran weniger gut?

6.2. An welchen Fächern hat Ihr Kind keinen Spaß?
    6.2.1. Was findet es daran nicht so gut?
    6.2.2. Was findet es daran gut?
6.3. Was macht Ihr Kind außerhalb der Schule?
    Bei jeder Antwort fragen:
    6.3.1. Was findet es daran gut?
    6.3.2. Was findet es daran nicht so gut?
6.4. Was mag Ihr Kind? Woran hat es Spaß? Worüber freut es sich?
6.5. Was macht Ihrem Kind nicht so viel Spaß? Was ärgert / kränkt / verletzt es?
6.6. Was wünscht sich Ihr Kind?
6.7. Wovor fürchtet sich Ihr Kind?
6.8. Was ist Ihrem Kind wichtig? Was bedeutet ihm was?
6.9. Was spielt für Ihr Kind keine Rolle?
6.10. Wie stellt sich Ihr Kind seine Zukunft vor?
6.11. Wie stellt sich Ihr Kind die nächste Zeit in der Schule vor?

7. Intellektuelle Unter- oder Überforderung als Bedingung für Konzentrationsschwierigkeiten
7.1. Denken Sie, dass Ihr Kind in der Schule mehr leisten könnte, als von ihm gefordert wird? Wenn ja: Wobei? Wie kommen Sie darauf?
7.2. Denken Sie manchmal, dass von Ihrem Kind mehr verlangt wird, als es leisten kann? Wenn ja: Wobei? Wie kommen Sie darauf?
7.3. Hat Ihr Kind Schwierigkeiten beim Rechnen? Wenn ja: Wie sehen die aus?
7.4. Hat Ihr Kind beim Lesen Schwierigkeiten? Wenn ja: Wie sehen die aus?
7.5. Hat Ihr Kind in der Rechtschreibung Schwierigkeiten? Wenn ja: Wie sieht das aus?
7.6. Was liegt Ihrem Kind?
7.7. Was liegt ihm weniger?

8. Soziale Bedingungen für Konzentrationsschwierigkeiten
8.1. Was hält Ihr Kind vom Lernen?
8.2. Wie sieht das bei Ihnen aus? Welche Einstellung haben Sie zum Lernen?
8.3. Welche Einstellung haben andere für das Kind wichtige Personen zum Lernen?
8.4. Wie finden die Freunde Ihres Kindes das Lernen?

8.5. Wie finden Sie das, dass Ihr Kind Schwierigkeiten hat? Und die Geschwister?
8.6. Was sagen die Freunde Ihres Kindes dazu?
8.7. Hat Ihr Kind bestimmte Pflichten zu erledigen? Wenn ja: Welche? Wie kommt es damit zurecht?
8.8. Welche Wünsche haben Sie an das Kind?

9. **Emotionale Bedingungen für Konzentrationsschwierigkeiten**
   9.1. Was erzählt Ihnen Ihr Kind über die Schule?
       9.1.1. Was findet es an ihr gut?
       9.1.2. Was findet es nicht so gut?
   9.2. Wie kommt Ihr Kind mit seinen Klassenkameraden zurecht?
       9.2.1. Was findet es an ihnen gut?
       9.2.2. Was findet es nicht so gut?
   9.3. Was berichtet Ihr Kind über sein Verhältnis zu seinen Lehrerinnen und Lehrern?
       Bei jeder genannten Person fragen:
       9.3.1. Was findet es an dieser Lehrerin / diesem Lehrer gut?
       9.3.2. Was findet es an dieser Lehrerin / diesem Lehrer weniger gut?
   9.4. Hat Ihr Kind Freunde? Wenn ja: Erzählen Sie doch mal, wie es mit ihnen zurechtkommt?
       9.4.1. Was findet Ihr Kind an ihnen gut?
       9.4.2. Was findet es weniger gut?
   9.5. Wie geht Ihr Kind mit Schwierigkeiten um?
   9.6. Wie findet es Ihr Kind, wenn es erfolgreich ist? Wie verhält es sich dann?
   9.7. Wie ist das, wenn etwas nicht klappt?
   9.8. Wie empfindlich ist Ihr Kind?
   9.9. Gibt es innerhalb Ihrer Familie Probleme, über die sich Ihr Kind Gedanken macht? Wenn ja: Welche?

10. **Bisherige Versuche, die Schwierigkeiten zu bewältigen:**
    10.1. Haben Sie etwas gegen die Schwierigkeiten unternommen? Wenn ja: Was? Was hat das gebracht?
    10.2. Hat Ihr Kind etwas gegen die Schwierigkeiten unternommen? Wenn ja: Was? Was hat das gebracht?

11. Zusammenhängender Überblick

Wir haben jetzt über viele einzelne Bereiche gesprochen. Damit sich das alles zu einem Ganzen zusammenfügt, möchte ich Sie bitten:

11.1. den gestrigen Tag (unter der Voraussetzung, dass es ein gewöhnlicher Werktag war) zu schildern;

11.2. zu erzählen, wie das letzte Wochenende, wenn es ein übliches war, verlaufen ist.

Konzentration im Beruf

10 Erleben von Unkonzentriertheit bei der Arbeit

10.1 Überlegungen zum Erleben von Unkonzentriertheit bei der Arbeit

Seit mehr als 100 Jahren gibt es Konzentrationstests. Die Anfänge findet man in den letzten beiden Jahrzehnten des 19. Jahrhunderts (s. Bartenwerfer, 1983). Mit Konzentrationstests ist es möglich, mindestens zwei Parameter der Konzentrationsleistung reliabel zu erheben: das Tempo konzentrierten Arbeitens und den Anteil der Fehler. Im Gegensatz dazu gibt es keine publizierten Arbeiten zum Erleben und Verhalten beim konzentrierten Arbeiten. Irrgang und Westhoff (2003) haben dies näher untersucht. Da die Ergebnisse für das Erleben unkonzentrierten Arbeitens grundlegende Informationen bieten, soll die Studie hier in aller Kürze dargestellt werden.

Ziel der Untersuchung war es herauszufinden, als wie konzentriert sich Personen bei der Arbeit erleben, an welchen Merkmalen sie das mehr oder weniger konzentrierte Verhalten festmachen und welche Bedingungen sich nach ihrer Beobachtung auf dieses unterschiedlich konzentrierte Verhalten auswirken. Kognitive Prozesse entziehen sich häufig der Introspektion, wie es z.B. in der Gedächtnisforschung oft gezeigt wurde. Es war also von Interesse, ob Personen beschreiben können, was sie unter Konzentration verstehen, welche Bedingungen für konzentriertes Arbeiten notwendig sind, wie sich die Interaktion mit anderen auf die Konzentration auswirkt und welche Strategien für konzentriertes Arbeiten eingesetzt werden können.

10.2 Untersuchungsmethode: Tiefeninterview

Für die Untersuchung entwickelten wir einen Interviewleitfaden mit 81 Fragen aus 19 Lebensbereichen, in denen sich Personen unterschiedlich konzentriert erleben können. Diese Bereiche waren: eigene Erfahrungen und Beobachtungen, Konzentration bei der Arbeit und bei verschiedenen Themen, bei interessanten Tätigkeiten, beim Sport, bei Müdigkeit und beim Flow-Erleben. Es wurden Konzentration bei der Wirkung von Kaffee, Tee, Amphetaminen, bewusstseinsverändernden Drogen, Entspannungsverfahren, mentalen und körperlichen Übungen sowie bei Zeitdruck thematisiert. Es war von Interesse, wie sich die Anwesenheit anderer, emotionale Belastungen und der Gesundheitszustand bzw. das körperliche Wohlbefinden auf die Konzentration auswirken. Die Konzentration im Straßenverkehr und im Tagesverlauf (Alltag) wurden angesprochen und Strategien für konzentrierteres Arbeiten erfragt.

Auf Grundlage dieses Leitfadens wurden von fünf erfahrenen Interviewer/innen 28 Interviews mit Personen aus den Altersgruppen 20 bis 29 Jahre, 30 bis 39 Jahre, 40 bis 49 Jahre und 50 bis 59 Jahre als Tiefeninterviews durchgeführt. Dabei achteten wir darauf, dass in jeder Altersgruppe Männer und Frauen gleich verteilt waren. Die Interviews wurden auf Tonband aufgezeichnet und anschließend transkribiert. Die Transkripte wurden unter dem Thema „Konzentration bei der Arbeit" ausgewertet.

Leitfaden für das Tiefeninterview zur Erforschung von Konzentration im Alltag

Es geht um das Thema *Konzentration im Alltag*.
Bisher wurde noch nicht untersucht, was Menschen im Alltag unter Konzentration verstehen oder unter Sich-Konzentrieren. Wie macht das eigentlich jemand?
In der Psychologie gibt es dazu wenig explizite Vorstellungen. Viele üben Kritik an den Konzentrationstests und finden, dass darin etwas anderes verlangt wird, als wenn man sich alltäglich konzentriert.
Wir wollen also den Anfang machen und uns von Menschen zwischen 20 und 60 erzählen lassen, was für **Erfahrungen und Beobachtungen zum Thema Konzentration** sie gemacht haben.
Die Sammlung dieser Informationen über Konzentration soll genutzt werden, um das alltägliche Verständnis von Konzentration systematisch beschreiben zu können. Dabei kann man die **Gemeinsamkeiten und Unterschiede zu dem wissenschaftlichen Begriff von Konzentration** herausarbeiten.
Für praktisch tätige Psychologen hätte das den Vorteil, dass sie wissen, was Menschen bei diesem Thema von ihnen erwarten, und sie könnten ihnen dann leichter erklären, um was es bei diagnostischen Untersuchungen geht.
Es wäre dann klarer,

1. *was man z.B. an der Konzentration testen kann, und was nicht.*
2. *Mit welchen Persönlichkeitsmerkmalen sie zusammenhängt,* z.B. Impulsivität,
3. *an welchen Merkmalen des alltäglichen Verhaltens man sie beobachten und einschätzen* kann.
4. Ferner würde man die *Bedingungen für Konzentrationsstörungen* besser kennen und
5. wüsste mehr darüber, wie man *erfolgreich damit umgehen* kann.

Guten Tag, liebe/r Frau/Herr .... Wir hatten ja besprochen, ein Gespräch über Konzentration zu führen. Darin geht es um Ihre Erfahrungen und Beobachtungen dazu.
Vielleicht fangen wir direkt einmal an:

1. **Was fällt Ihnen an eigenen Erfahrungen zum Thema „Konzentration" ein?**
   Wann ist es Ihnen *schwer gefallen*, sich zu konzentrieren?
   Was war da los?
   Wann ist es Ihnen *leicht gefallen*, sich zu konzentrieren?
   Um was ging es da?
   Zusammenfassung

2. Jeder hat so seine Beobachtungen zum Thema Konzentration.
   Erzählen Sie doch mal, wobei Sie sich gut konzentrieren können.
   Woran machen Sie fest, dass Sie sich *gut* konzentrieren können?
   Erzählen Sie doch mal, wobei Sie sich *nicht so gut* konzentrieren können?
   Woran machen Sie das fest, dass Sie sich *nicht so gut* konzentrieren können?
   Zusammenfassung

3. **Es kann sehr stören, wenn man sich bei der Arbeit nicht richtig konzentrieren kann.**
   Wie sieht das bei Ihnen aus?
   Wann können Sie sich bei der Arbeit *nicht so gut* konzentrieren?
   Wann können Sie sich bei der Arbeit *besser* konzentrieren?
   Zusammenfassung

4. **Es gibt Arbeiten, bei denen man sich gut, und andere, bei denen man sich weniger gut konzentrieren kann.**
   Bei welchen Arbeiten können Sie sich *besser* konzentrieren? Woran machen Sie fest, dass Sie sich dann besser konzentrieren können?
   Bei welchen Arbeiten können Sie sich *nicht so gut* konzentrieren? Woran machen Sie fest, dass Sie sich dann nicht so gut konzentrieren können?
   Zusammenfassung

5. **Mangelnde Konzentration kann im Straßenverkehr böse Folgen haben.**
   Was haben Sie da schon so bei sich beobachtet?
   Wann können Sie sich im Straßenverkehr *nicht so gut* konzentrieren? (In welchen Situationen? Bei welchen persönlichen Voraussetzungen?)
   Wann können Sie sich im Straßenverkehr *besser* konzentrieren? (In welchen Situationen? Bei welchen persönlichen Voraussetzungen?)
   Zusammenfassung

Arbeit und Teilnahme am Straßenverkehr muss man ja nicht mögen, bei *Interessen* ist das allerdings etwas anderes. Wir sprechen dann von einem Interesse, wenn wir etwas gern tun. Hier stellt sich die Frage:

6. **Selbst wenn man sich mit etwas beschäftigt, das man gern tut, kann einem manchmal die rechte Konzentration fehlen.**
   Was haben Sie dazu bei sich beobachtet?
   Bei was konnten Sie sich *nicht so gut* konzentrieren? Woran machen Sie fest, dass Sie sich nicht so gut konzentrieren konnten? Was war da los?
   Wie sieht das normalerweise dabei mit Ihrer Konzentration aus? Woran machen Sie fest, dass Sie sich dann *gut* konzentrieren können?
   Zusammenfassung

7. **Beim Sport hört man des Öfteren, dass jemand sagt, er/sie könne sich nicht mehr so gut konzentrieren.**
   Haben Sie so etwas schon einmal erlebt?
   Wenn ja:
   Woran machten Sie es fest, dass sie sich nicht mehr so gut konzentrieren konnten?
   Zusammenfassung

8. **Nicht nur beim Sport sagen Leute, wenn sie müde werden, sie könnten sich nicht mehr so gut konzentrieren.**
   Wie sieht das mit Ihrer Konzentration aus, wenn Sie müde werden?
   Wie sieht das mit Ihrer Konzentration aus, wenn Sie frisch und ausgeruht sind?
   Zusammenfassung

9. **Es gibt Stoffe, z.B. Kaffee, Tee oder Amphetamine, welche die Konzentration verbessern sollen.**
   Welche Erfahrungen haben Sie da?
   Woran machen Sie fest, dass ein solcher Stoff Ihre *Konzentration verbessert* hat?
   Woran machen Sie fest, dass ein solcher Stoff Ihre *Konzentration nicht verbessert* hat?
   Zusammenfassung

10. **Auch sogenannte bewusstseinsverändernde Drogen sollen sich unter anderem auf die Konzentration auswirken.**
    Welche Erfahrungen haben Sie da?
    Woran machen Sie fest, dass ein solcher Stoff Ihre *Konzentration verbessert* hat?
    Woran machen Sie fest, dass ein solcher Stoff Ihre *Konzentration nicht verbessert* hat?
    Zusammenfassung

11. **Es gibt Trainings, wie Autogenes Training oder Progressive Muskelrelaxation, welche die Konzentration verbessern sollen.**
    Welche Erfahrungen haben Sie da?
    Woran machen Sie fest, dass ein solches Training Ihre *Konzentration verbessert* hat?
    Woran machen Sie fest, dass ein solches Training Ihre *Konzentration nicht verbessert* hat?
    Zusammenfassung

12. **Es gibt Übungen, körperliche und mentale, welche die Konzentration verbessern sollen. Beispiele sind japanisches Bogenschießen oder Meditation.**
    Welche Erfahrungen haben Sie da?
    Woran machen Sie fest, dass solche Übungen Ihre *Konzentration verbessert* haben?
    Woran machen Sie fest, dass solche Übungen Ihre *Konzentration nicht verbessert* haben?
    Zusammenfassung

Es gibt Bedingungen, die sich auf die Konzentration bei verschiedenen Personen sehr unterschiedlich auswirken können. Eine zentrale ist *Zeitdruck*.

13. **Es gibt Leute, die können besser unter Zeitdruck arbeiten. Andere stört er.**
    Wie sieht das bei Ihnen aus?
    Wann stört sie der Zeitdruck?
    Wann ist er eher für Sie hilfreich?
    Wie gut können Sie sich unter Zeitdruck konzentrieren?
    Woran machen Sie das fest?
    Zusammenfassung

14. **Die Anwesenheit anderer kann das konzentrierte Arbeiten stören, unter Umständen aber auch fördern.**
    Wie sieht das bei Ihnen aus?
    Wann stören Sie andere beim konzentrierten Arbeiten?
    Wann fördert die Anwesenheit anderer Ihr konzentriertes Arbeiten?
    Zusammenfassung

15. **Gehen wir doch mal einen üblichen Werktag bei Ihnen durch, dabei fällt einem am ehesten noch etwas weiteres zum Sich-Konzentrieren ein. Wie sieht bei Ihnen ein ganz normaler Werktag aus?**
    (Immer darauf achten, dass geschildert wird, woran man festmacht, dass man mehr oder weniger konzentriert ist.)
    Zusammenfassung

16. **Verliebtheit kann ebenso wie Trennungsschmerz oder andere emotional aufwühlende Situationen zu Konzentrationsproblemen führen. Wie sehen hier die Beobachtungen bei Ihnen selbst aus?**
    Woran machen Sie fest, dass Sie sich damals *nicht so gut* konzentrieren konnten?
    Was meinen Sie, wie es dazu kam, dass Sie sich nicht so gut konzentrieren konnten?
    Zusammenfassung

17. **Seit einigen Jahren ist in der Literatur das sogenannte Flow-Erlebnis beschrieben und untersucht. Hierbei handelt es sich um den als optimal erlebten Ablauf von Handlungen. Flow kommt eher selten vor, aber etwas Ähnliches kommt schon vor, wenn man völlig bei einer Sache ist und dabei alles um sich herum vergisst.**
    Haben Sie so etwas schon einmal erlebt?
    Woran machen Sie fest, dass Sie sich ganz besonders gut konzentrieren konnten?
    Was meinen Sie, wie es dazu kam, dass Sie sich so ganz besonders gut konzentrieren konnten?
    Zusammenfassung

18. **Um möglichst konzentriert arbeiten zu können, lassen sich Leute sehr Unterschiedliches einfallen.**
    Wie sieht das bei Ihnen aus?
    Tun Sie etwas, um möglichst konzentriert arbeiten zu können? Wenn ja: Was?
    Bereiten Sie sich darauf vor? Wenn ja: Wie?
    Sorgen Sie für bestimmte Bedingungen? Wenn Ja: Welche?
    Achten Sie in besonderer Weise auf Ihre körperlichen Bedürfnisse? Wenn ja: Worauf achten Sie rein körperlich?
    Motivieren Sie sich in einer besonderen Weise? Wenn ja: Wie?
    Zusammenfassung

19. **Der Gesundheitszustand und das körperliche Wohlbefinden können die Konzentration beeinflussen.**
    Was haben Sie dazu bei sich beobachtet?
    Unter welchen körperlichen Bedingungen fällt es Ihnen *leichter*, sich zu konzentrieren?
    Woran merken Sie das?

Unter welchen körperlichen Bedingungen fällt es Ihnen *schwerer*, sich zu konzentrieren?
Woran merken Sie das?
Was machen Sie in solchen Situationen? (weitermachen? Intervention: welche? was unter welchen Bedingungen)
Wenn noch nicht genannt:
Wie sieht das aus bei Krankheiten?
Wie sieht das aus bei Erkältungen? [Es gibt Ergebnisse, dass die Aufmerksamkeit bei einer Infektion schon beeinträchtigt ist, bevor die körperlichen Symptome auftreten.]
Wie sieht das aus, wenn Sie Schmerzen haben?
Zusammenfassung

20. Gibt es noch etwas, das Ihrer Ansicht nach zum Thema Konzentration anzufügen ist? Wenn ja: Bitte schildern Sie es!

Ich danke Ihnen ganz herzlich für Ihre Auskünfte. Wir werden sie zusammen mit denen anderer Gesprächspartner zusammenfassend darstellen. So soll zum ersten Mal eine Übersicht darüber erstellt werden, was Menschen im Alltag unter Konzentration verstehen. Diese wollen wir nutzen, um störende und hilfreiche Bedingungen für das Sich-Konzentrieren aus der Sicht von Nicht-Psychologen und der Psychologie als Wissenschaft zu beschreiben. Wenn Sie die Ergebnisse dieser Interviewstudie interessieren, dann können wir Ihnen diese Ende Mai zusenden. (E-mail/Adresse notieren) Vielen Dank.

10.3 Die zentralen Ergebnisse zum Erleben von Unkonzentriertheit bei der Arbeit

Diese Interviews wurden inhaltsanalytisch ausgewertet, wobei wir Indikatoren für konzentriertes und unkonzentriertes Verhalten und dazugehörende Bedingungen heraussuchten.
Abbildung 1 zeigt, welche Bedingungen für gute Konzentration bei der Arbeit in welcher Häufigkeit angegeben wurden.
Abbildung 2 verdeutlicht Bedingungen für schlechte Konzentration bei der Arbeit und wie häufig diese in den Interviews angegeben wurden.
Auf genauere Nachfrage beschrieben die interviewten Personen, woran sie festmachen, ob sie konzentriert arbeiten und welche Merkmale sie nutzen, um ihre Konzentration einzuschätzen (siehe Abbildung 3).

Woran Personen festmachen, dass sie unkonzentriert arbeiten und wie häufig diese Merkmale im Interview angegeben wurden, zeigt Abbildung 4. Abbildung 5 zeigt sowohl positive als auch negative Aspekte der Anwesenheit anderer auf das konzentrierte Arbeiten. Ein Teilbereich der Interviews beschäftigte sich mit Strategien für konzentrierteres Arbeiten. Die dazugehörigen Angaben und deren Häufigkeiten zeigt Abbildung 6.

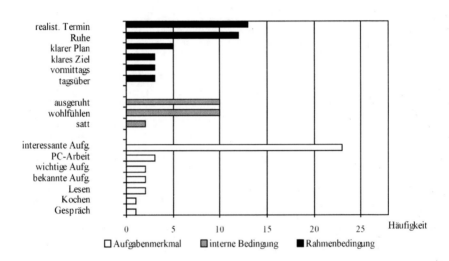

Abb.1: *Erlebte Bedingungen für gute Konzentration bei der Arbeit*

Konzentration im Beruf

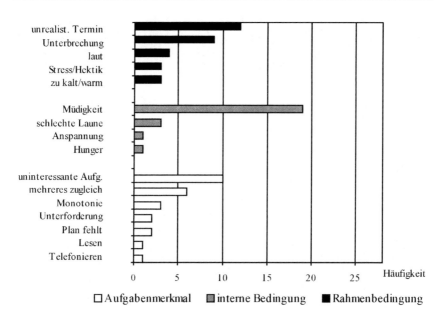

Abb.2: Erlebte Bedingungen für schlechte Konzentration bei der Arbeit

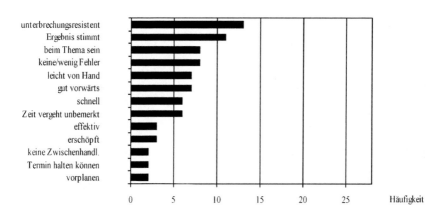

Abb.3: Erleben konzentrierten Arbeitens

117

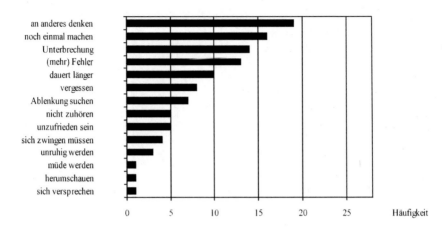

Abb.4: Erleben unkonzentrierten Arbeitens

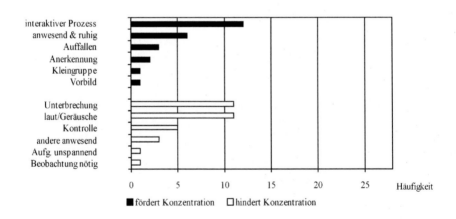

Abb.5: Auswirkung anderer Personen auf das konzentrierte Arbeiten

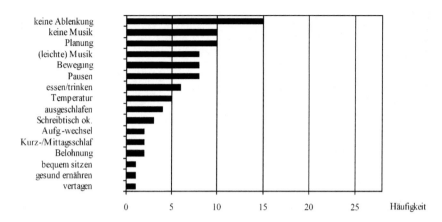

Abb.6: Strategien für konzentrierteres Arbeiten

10.4 Was folgt aus den Untersuchungsergebnissen?

Ziel der Untersuchung war es herauszufinden, wie konzentriert sich Personen bei der Arbeit erleben und anhand welcher Merkmale sie ihre Konzentration einschätzen. Die Ergebnisse zeigen, dass Personen beschreiben können, was sie unter Konzentration verstehen. Verschiedene Rahmenbedingungen, Aufgabenmerkmale und persönliche Bedürfnisse, die für konzentriertes Arbeiten förderlich oder hinderlich sind, wurden dargestellt. Dabei kann man Bedingungen einer Person als Grundlage betrachten. Es wurden ausgeruht sein, satt sein und sich wohl fühlen als förderlich eingestuft, hinderlich ist es dagegen, wenn man müde ist, schlechte Laune hat, angespannt ist oder Hunger hat.
Ist eine persönliche Grundlage vorhanden, sind die Aufgabenmerkmale und Rahmenbedingungen von Bedeutung. Beispiele für förderliche Aufgabenmerkmale sind interessante Tätigkeiten, wichtige oder bekannte Aufgaben oder PC-Arbeit. Dagegen sind uninteressante und monotone Aufgaben oder die gleichzeitige Bearbeitung mehrerer eher hinderlich.
Als Rahmenbedingung wurden unter anderem Termine häufig sowohl als förderlich als auch als hinderlich eingeschätzt. Förderlich sind Termine dann, wenn es einen klaren zeitlichen Rahmen gibt, hinderlich eher, wenn dieser zeitliche Rahmen zu eng ist.
Die Konzentration in der Zusammenarbeit mit anderen wird unterschiedlich erlebt und ist von verschiedenen Bedingungen abhängig. So wird die Zusam-

menarbeit an einem Thema als positiv für die Konzentration erlebt oder auch die Anwesenheit anderer, die aber in der eigenen Arbeit nicht stören. Weiterhin erlebt man sich als konzentrierter arbeitend, wenn andere anwesend sind, denen es auffällt, wenn man sich nicht seiner eigentlichen Aufgabe widmet. Wenn andere Personen immer wieder die eigene Tätigkeit unterbrechen, laut sind oder einen immer wieder kontrollieren, wird dies als hinderlich für konzentriertes Arbeiten erlebt.

Auch wurden von den Befragten unterschiedliche Strategien für konzentriertes Arbeiten berichtet. Diese Merkmale und Strategien, z.b. Ausschalten von Ablenkungen, Planen der Arbeit, ausreichende Pausen und Bewegung, finden sich teilweise in der Literatur, z.B. in Westhoff et al. (1995).

Die Ergebnisse der hier vorliegenden Interviewstudie erweitern die bisherigen Konzentrationsuntersuchungen dahingehend, dass hiermit erstmals das Erleben der Konzentration systematisch erfasst wurde. Die Ergebnisse der Interviews wurden weiterverarbeitet im Fragebogen zur Konzentration im Alltag (KiA), dessen erste Ergebnisse bereits auf dem Kongress der DGPs in Berlin (Scholz & Westhoff, 2002) vorgestellt wurden. Damit ist es nun möglich, die Zusammenhänge zwischen Konzentrationserleben, Leistungen in Konzentrationstests und Leistungen beim alltäglichen konzentrierten Arbeiten empirisch zu untersuchen, wozu wir das KonzentrationsDiagnostikSystem (KDS) (Westhoff in Druck), d.h. eine computergestützte Testbatterie verschiedener Konzentrationstests, und den Fragebogen zur Konzentration im Alltag nutzen werden.

11 Bedingungen für konzentriertes Arbeiten

Wie konzentriert Menschen arbeiten können, wird entscheidend von den Arbeitsbedingungen mitbestimmt. Arbeitsbedingungen sind sowohl physikalisch messbare Größen, wie zum Beispiel Temperatur und Lärm, als auch die persönliche Art und Weise, konkrete Arbeiten auszuführen. Bei beiden Aspekten kommt es nicht primär darauf an, objektive Messungen vorzunehmen. Entscheidend für eine Aussage über konzentriertes Arbeiten ist das subjektive Wahrnehmen und Erleben der Arbeitsbedingungen. Erst die persönliche Bewertung bestimmt, welchen Einfluss die konkreten Bedingungen auf die Arbeit haben (Westhoff, Terlinden-Arzt, Michalik & John, 1995).
Sollen also die Bedingungen für konzentriertes Arbeiten verbessert werden, so muss beschrieben werden, wie der Arbeitende die vorhandenen Bedingungen wahrnimmt.
Wir wollen hier anhand der subjektiven Bewertungen der Arbeitssituation Ansatzpunkte für Verbesserungen aufweisen. Diese können zum einen darin bestehen, Arbeitsplätze umzugestalten, und zum anderen darin, dass der Arbeitende selbst, Vorgesetzte, Kollegen und Mitarbeiter ihr Verhalten ändern.
Die Bedingungen für konzentriertes Arbeiten werden wir einteilen in die physikalischen *Bedingungen der Arbeitsumgebung*. Die persönlichen Arbeitsbedingungen fassen wir unter dem Titel *Arbeitsstil* zusammen. Wir stellen zu jeder der beiden Gruppen diagnostische Instrumente dar, mit denen sich die Arbeitsbedingungen für Büroarbeitsplätze erfassen lassen.

11.1 Bedingungen der Arbeitsumgebung

Physikalische Arbeitsbedingungen wie Raumtemperatur, Beleuchtung und Belüftung beeinflussen das konzentrierte Arbeiten. Entscheidend für die Wirkung dieser Bedingungen ist die subjektive Wahrnehmung der objektiv vorhandenen Gegebenheiten. Negativ wahrgenommene Arbeitsbedingungen können sowohl technische Mängel als auch bestimmte Verhaltensweisen sein.

Zur Erfassung der Wahrnehmung der Arbeitsplatzbedingungen wurde der „Fragebogen zu Bedingungen der Arbeitsumgebung" entwickelt. Darin werden den betroffenen Personen Fragen zu folgenden wichtigen Bereichen gestellt: (1) Klima, (2) Beleuchtung / Farben, (3) Lärm, (4) Gestaltung des Arbeitsraumes und Arbeitsplatzes, (5) Qualität und Beschaffung von Arbeitsmitteln, (6) Positive Merkmale des Arbeitsplatzes.

Zu jedem dieser Bereiche werden Fragen in geschlossener und – wo dies erforderlich ist – in offener Form gestellt. Bei der geschlossenen Form sind die Antwortmöglichkeiten bereits vorgegeben; bei der offenen Form sollen die Antworten frei formuliert werden. Der Fragebogen gibt den Mitarbeitern die Gelegenheit, den Arbeitsplatz aus ihrer Sicht zu beschreiben. Damit wird erfasst, was sie an ihrem Arbeitsplatz stört und was sie daran gut finden.

Der Einfluss der sechs oben genannten Aspekte auf das konzentrierte Arbeiten soll hier kurz skizziert werden.

Klima

Die klimatischen Bedingungen am Arbeitsplatz wirken sich auf das körperliche Wohlbefinden aus. Dies ist eine wesentliche Voraussetzung dafür, sich auf die Arbeit konzentrieren zu können.

Für den sogenannten Behaglichkeitsbereich, innerhalb dessen sich ein Mensch am wohlsten fühlt, lassen sich keine festen Grenzen angeben. Der Grund hierfür ist, dass Faktoren wie die Art der Arbeit oder das psychische Wohlbefinden die Behaglichkeit beeinflussen. Daraus folgt, dass ein bestimmter Klimawert nicht von allen Menschen als gleich behaglich empfunden wird. Konkret kann dies bedeuten, dass Herr X eine Temperatur von 20 Grad Celsius als angenehm warm empfindet, weil er kurz vorher zu Mittag gegessen hat. Frau Y hingegen empfindet die gleiche Raumtemperatur als kühl, weil sie nicht der Jahreszeit entsprechend gekleidet ist. Dieses Beispiel verdeutlicht, dass im Klimabereich Verhaltensweisen von Mitarbeitern mögliche Störfaktoren für negativ wahrgenommene Arbeitsplatzbedingungen sein können und gegebenenfalls im Gespräch zu klären sind.

Beleuchtung und Farben

Die Qualität der Beleuchtung wirkt sich vor allen Dingen auf die Augen aus. Bei ungünstiger Beleuchtung ermüden die Augen schneller, und die Leistungsfähigkeit lässt nach. Weiter kann die Farbgestaltung einen Einfluss auf das psychische Befinden haben. So soll die Farbe blau zum Beispiel auf viele Menschen eine kühle und beruhigende Wirkung haben. Abgesehen davon beeinflussen Farben die wahrgenommenen Raumproportionen und somit auch die Wirkung des Arbeitsraumes. Deshalb sollten diese Aspekte bei einer Erhebung von Arbeitsplatzbedingungen erfasst werden. Hier stellt sich die Frage, wer für diese Faktoren und deren Gestaltung verantwortlich ist. Es empfiehlt sich, wo immer dies möglich ist, betroffene Personen an der Gestaltung dieser Faktoren zu beteiligen. Ergiebiger als Diskussionen sind dabei konkrete probeweise Änderungen an einem realitätsnahen Modell oder in der Realität selbst.

Lärm und Geräusche

Am Arbeitsplatz können wir einer Vielzahl von Geräuschen ausgesetzt sein. Entscheidend für ihre Wirkung auf den Menschen sind neben der Lautstärke die Dauer, die Anzahl sowie die individuelle Wahrnehmung dieser Geräusche. So mag beispielsweise ein sehr lautes Geräusch, dem man nur kurzfristig ausgesetzt ist, weniger stören als ein leises Geräusch, das man den ganzen Tag hört.
Nehmen wir als weiteres Beispiel einmal an, dass in einem Großraumbüro eine Kaffeemaschine läuft. Die wenigsten Mitarbeiter würden dieses Geräusch wohl als Störung oder Lärm empfinden. Anders sähe dies jedoch aus, wenn gleichzeitig in demselben Büro zehn dieser Maschinen liefen.
Bei der Bewertung von Geräuschen spielt die individuelle Wahrnehmung eine entscheidende Rolle. Musik bei der Arbeit zum Beispiel mag für manche Menschen angenehm sein; andere hingegen empfinden sie als ausgesprochen störend.
Sobald Geräusche als Störung beziehungsweise als Lärm wahrgenommen werden, lenken sie ab und mindern die Konzentration und die Leistung. Soll das konzentrierte Arbeiten gefördert werden, so müssen störende Geräuschquellen erfasst und beseitigt werden.
Natürlich lässt sich eine Geräuschquelle wie Straßenlärm nicht völlig ausschalten, wohl aber durch schalltechnische Maßnahmen verringern. Lärm hingegen,

den andere in der unmittelbaren Umgebung des konzentriert Arbeitenden erzeugen, lässt sich durch sozial kompetenten Umgang miteinander reduzieren.

Räumliche Gestaltung des Arbeitsplatzes

Die Gestaltung des Arbeitsplatzes und die Platzierung der Büromöbel beeinflussen die körperliche Gesundheit. Ein Bürostuhl zum Beispiel, der nicht höhenverstellbar ist, wird bei einem mehr oder minder großen Teil der Mitarbeiter zu schmerzhaften Verspannungen und damit zu möglichen Haltungsschäden führen. Solche gesundheitlichen Beeinträchtigungen oder Schäden mindern in der Regel die Konzentration bei der Arbeit. Eine Änderung des Arbeitsplatzes nach ergonomischen Gesichtspunkten kann hier helfen.

Qualität und Beschaffung von Arbeitsmitteln

Die Qualität des Arbeitsmaterials kann einen wesentlichen Einfluss auf das Arbeitsergebnis haben. Wie schnell und wie leicht man sich die benötigten Arbeitsmittel beschaffen kann, beeinflusst in erster Linie den Arbeitsprozess. Sowohl schlechte Qualität von benötigten Arbeitsmaterialien als auch Schwierigkeiten bei deren Beschaffung können zu einem erheblichen Ärgernis am Arbeitsplatz werden. Die Zeit und Energie, die zum Teil damit verbracht wird, sich über Störungen dieser Art zu ärgern beziehungsweise unpassendes Material wettzumachen oder passendes zu beschaffen, geht der Zeit für effektives konzentriertes Arbeiten verloren.

Positive Merkmale des Arbeitsplatzes

Mit diesem Bereich sollen die Aspekte erfasst werden, die die Mitarbeiter als angenehm empfinden. Dadurch soll herausgefunden werden, welche Merkmale des Arbeitsplatzes einen motivierenden Einfluss ausüben. Eine erhöhte Motivation wirkt sich positiv auf die Arbeitsleistung aus. Solche als positiv empfundenen Bedingungen können bei der Gestaltung des Arbeitsplatzes gezielt eingesetzt werden.

11.2 Fragebogen zu Bedingungen der Arbeitsumgebung

Instruktion

Ein passender Arbeitsplatz erleichtert ein ungestörtes und konzentriertes Arbeiten. Der vorliegende Fragebogen soll Ihnen helfen, Bedingungen an Ihrem Arbeitsplatz aus Ihrer Sicht zu beschreiben. Hierdurch wird die Möglichkeit gegeben, solche Bedingungen, die Sie stören und beeinträchtigen, systematisch zu erfassen und nach Änderungsmöglichkeiten zu suchen. Zu diesem Zweck werden Ihnen Fragen zu folgenden Themenbereichen gestellt:

1. Klima
2. Beleuchtung und Farben
3. Lärm und Geräusche
4. Gestaltung des Arbeitsraumes und Arbeitsplatzes
5. Vorhandensein / Beschaffung von Arbeitsmitteln
6. Positive Merkmale des Arbeitsplatzes.

Bitte lesen Sie jede Frage sorgfältig durch. Kreuzen Sie dann die Antwort an, die Ihre eigenen Arbeitsplatzbedingungen wiedergibt.
Wie Sie sehen werden, sind bei einigen Fragen freie Antwortmöglichkeiten gegeben. Bitte beantworten Sie diese Fragen stichwortartig in den dafür vorgesehenen freien Feldern.
Vielen Dank für Ihre Mitarbeit!

1. Klima

1.0 Sind Sie mit dem an Ihrem Arbeitsplatz herrschenden Raumklima zufrieden?
Ja ( )   Nein ( )
Wenn ja: Überschlagen Sie die folgenden Fragen und bearbeiten Sie den Themenbereich „2. Beleuchtung/Farben"
Wenn nein:

1.1 Ist es Ihnen zu warm?
     Ja ( )   Nein ( )
     Wenn ja:

1.2 Wann ist es Ihnen zu warm?
     a) im Sommer ( )
     b) im Winter ( )
     c) immer ( )
     d) _____

1.3 Wodurch ist dies bedingt?
     a) Fenster ( )
     b) Heizkörper ( )
     c) Lüftungs-/Klimaanlage ( )
     d) Beleuchtungskörper ( )
     e) Technische Geräte ( )
     f) _____

1.4 Ist es Ihnen zu kalt?
     Ja ( )   Nein ( )
     Wenn ja:

1.5 Wann ist es Ihnen zu kalt?
     a) im Winter ( )
     b) im Sommer ( )
     c) immer ( )
     d) _____

1.6 Wodurch ist dies bedingt?
     a) Lüftungs-/Klimaanlage ( )
     b) Heizung ( )
     c) Fenster ( )
     d) _____

1.7 Zieht es an Ihrem Arbeitsplatz?
     Ja ( )   Nein ( )
     Wenn ja:

1.8 Woran liegt das?
a) Lüftungs-/Klimaanlage ( )
b) Fenster ( )
c) _____

1.9 Sind Sie mit dem Feuchtigkeitsgehalt der Luft zufrieden?
Ja ( ) Nein ( )
Wenn nein:

1.10 Ist Ihnen die Luft zu trocken?
Ja ( ) Nein ( )

1.11 Ist Ihnen die Luft zu feucht?
Ja ( ) Nein ( )

1.12 Leiden Sie häufiger an Beschwerden, die durch klimatische Bedingungen an Ihrem Arbeitsplatz verursacht sein könnten?
Ja ( ) Nein ( )
Wenn ja:

1.13 Welcher Art sind diese Beschwerden?
a) Erkältungen ( )
b) Reizungen der Schleim- und Bindehäute ( )
c) Hautreizungen ( )
d) Allergien ( )
e) _____

1.14 Worauf führen Sie diese Beschwerden zurück?
a) gebäudetechnische Einrichtungen ( )
b) technische Geräte ( )
c) Verhalten der Mitarbeiter (z.B. Rauchen) ( )
d) _____

1.15 Haben Sie schon versucht, störende Arbeitsplatzbedingungen dieses Themenbereiches zu ändern?
Ja ( ) Nein ( )
Wenn ja:

1.16 Was?
_____
_____
_____

1.17 Wie?
_____
_____
_____

1.18 Was folgte daraus?
_____
_____
_____

2. Beleuchtung und Farben

2.0 Sind Sie mit der Beleuchtung an Ihrem Arbeitsplatz zufrieden?
Ja ( )   Nein ( )
Wenn ja: Weiter mit 2.12
Wenn nein:

2.1 Sind Sie mit der indirekten Beleuchtung (Deckenbeleuchtung) zufrieden?
Ja ( )   Nein ( )
Wenn nein:

2.2 Ist die Deckenbeleuchtung zu dunkel?
Ja ( )   Nein ( )

2.3 Ist die Deckenbeleuchtung zu hell?
Ja ( )   Nein ( )

2.4 Haben Sie eine direkte Arbeitsplatzbeleuchtung?
Ja ( )   Nein ( )
Wenn ja:

2.5 Ist diese Beleuchtung hell genug?
Ja ( )   Nein ( )

2.6 Werden Sie an Ihrem Arbeitsplatz geblendet?
Ja ( ) Nein ( )
Wenn ja:

2.7 Wodurch wird die Blendung hervorgerufen?
a) zu hohe Beleuchtung ( )
b) direkte Sonneneinstrahlung ( )
c) reflektierende Schreibtischfläche ( )
d) wechselnde Beleuchtungsstärken ( )
e) Farbe des Schreibtisches ( )
f) Farbe der Wände ( )
g) _____

2.8 Empfinden Sie das künstliche Licht (Lampen) als angenehm?
Ja ( ) Nein ( )
Wenn nein:

2.9 Was stört Sie daran?
_____
_____

2.10 Werden Sie bei Ihrer Arbeit durch Schattenbildungen behindert?
Ja ( ) Nein ( )
Wenn ja:

2.11 Wodurch ist die Schattenbildung bedingt?
a) falsche Anordnung der Leuchtkörper ( )
b) ungünstige Sitzordnung zum Leuchtkörper hin ( )
c) ungünstige Anordnung von Büromöbeln ( )
d) _____

2.12 Empfinden Sie die Farbgestaltung des Arbeitsraumes als angenehm?
Ja ( ) Nein ( )
Wenn nein:

2.13 Welche Farbgestaltung wünschen Sie sich?
a) Wände _____
b) Decke _____
c) Tür(en) _____

2.14 Haben Sie schon versucht, störende Arbeitsplatzbedingungen dieses Themenbereiches zu ändern?
Ja ( )   Nein ( )
Wenn ja:

2.15 Was?

2.16 Wie?

2.17 Was folgte daraus?

3. Lärm und Geräusche

3.0 Werden Sie bei Ihrer Arbeit durch Geräusche/Lärm gestört?
Ja ( )   Nein ( )
Wenn nein: Überschlagen Sie die folgenden Fragen und bearbeiten Sie bitte den Themenbereich „4. Räumliche Gestaltung des Arbeitsplatzes"
Wenn ja:

3.1 Welcher/welchen störenden Geräuschquelle/n sind Sie während der Arbeit ausgesetzt?
a) Drucker, Computer, Schreibmaschine ( )
b) sonstige bürotechnische Arbeitsmittel (z.B. Telefon, Telefax, Kopierer etc.) ( )
c) Deckenbeleuchtung ( )
d) Lüftungs-/Klimaanlage ( )
e) lauten Gesprächen ( )
f) Geräuschquellen von außen (Autos etc.) ( )

g) unbekannte Geräuschquelle ( )
h) _____

3.2 Wie oft sind Sie den als Lärm empfundenen Geräuschen ausgesetzt?
a) den ganzen Tag ( )
b) mehrmals am Tag ( )
c) einmal am Tag ( )
Wenn b oder c:

3.2.1 Zu welchen Zeiten sind Sie diesen Geräuschen ausgesetzt?
_____
_____

3.2.2 Wie lange sind Sie den als Lärm empfundenen Geräuschen ausgesetzt?
a) stundenweise ( )
b) für eine kürzere Zeit als eine Stunde ( )

3.3 Haben Sie schon versucht, störende Arbeitsplatzbedingungen dieses Themenbereiches zu ändern?
Ja ( )   Nein ( )
Wenn ja:

3.4 Was?
_____
_____
_____

3.5 Wie?
_____
_____
_____

3.6 Was folgte daraus?
_____
_____

4. Räumliche Gestaltung des Arbeitsplatzes

4.0 Ist Ihr Arbeitsraum groß genug?
Ja ( )   Nein ( )
Wenn ja: Weiter mit 4.3
Wenn nein:

4.1 Wodurch ist das bedingt?
a) Der Raum ist generell zu klein ( )
b) Es befinden sich zu viele Personen in dem Raum ( )
c) _____

4.2 Welche Verbesserungsmöglichkeiten gibt es?
_____

4.3 Lässt die Arbeitsplatzgestaltung eine günstige Körperhaltung zu?
Ja ( )   Nein ( )
Wenn nein:

4.4 Welche Beeinträchtigungen sind vorhanden?
a) Der Arbeitsplatz ist nicht auf die Arbeitsaufgabe zugeschnitten ( )
b) Der Arbeitsplatz ist nicht auf meine Körpergröße zugeschnitten ( )
c) Die Bewegungsfreiheit ist eingeschränkt ( )
d) Der Sitz ist unangemessen (zu klein, zu hoch, zu hart usw.) ( )
e) _____

4.5 Welche Verbesserungsmöglichkeiten sehen Sie?
_____

4.6 Entspricht die Anzahl von Stühlen und Sitzgelegenheiten dem tatsächlichen Bedarf?
Ja ( )   Nein ( )
Wenn nein:

4.7 Wo fehlen Sitzgelegenheiten?
_____
_____

4.8 Ist Ihr Sitz bequem?
Ja ( )   Nein ( )
Wenn nein:

4.9 Was empfinden Sie als unbequem?
_____
_____

4.10 Ist Ihr Sitz den Arbeitserfordernissen angepasst?
Ja ( )   Nein ( )
Wenn nein:

4.11 Was stört Sie?
_____
_____

4.12 Haben Sie schon versucht, störende Arbeitsplatzbedingungen dieses Themenbereiches zu ändern?
Ja ( )   Nein ( )
Wenn ja:

4.13 Was?
_____
_____
_____

4.14 Wie?
_____
_____
_____

4.15 Was folgte daraus?
_____
_____

5. Vorhandensein / Beschaffung von Arbeitsmitteln

5.0 Sind an Ihrem Arbeitsplatz die Arbeitsmittel, die Sie benötigen, in ausreichendem Maße vorhanden?
Ja ( )   Nein ( )
Wenn nein:

5.1 Woran liegt das?
_____
_____
_____

5.2 Bereitet es Ihnen Schwierigkeiten, sich die nötigen Arbeitsmittel zu besorgen?
Ja ( )   Nein ( )
Wenn ja:

5.3 Wie kommt es zu diesen Schwierigkeiten?
_____
_____
_____

5.4 Arbeiten Sie mit einem Computer?
Ja ( )   Nein ( )
Wenn ja:

5.5 Kommen Sie mit der Bedienung des Computers zurecht?
Ja ( )   Nein ( )
Wenn nein:

5.6 Woran liegt das?
_____
_____
_____

5.7 Kommen Sie mit den Programmen, die bei Ihnen benutzt werden, gut zurecht?
Ja ( )   Nein ( )
Wenn nein:

5.8 Woran liegt das?

_____
_____

5.9 Sind Sie mit der Handhabbarkeit der Programme zufrieden?
Ja ( )   Nein ( )
Wenn nein: Was stört Sie?

_____
_____

5.10 Welche anderen Programme kennen Sie?

_____
_____

5.11 Welches/welche würden Sie bevorzugen?

_____
_____

5.12 Mit welchen technischen Arbeitsmitteln (z.B. Kopierer, Telefax etc.) arbeiten Sie sonst noch?

_____
_____

5.13 Haben Sie Bedienungsschwierigkeiten bei einem/mehreren dieser Geräte?
Ja ( )   Nein ( )
Wenn ja:

5.14 Mit welchem/welchen?

_____
_____

5.15 Woran liegt das?

_____
_____

5.16 Haben Sie schon versucht, störende Arbeitsplatzbedingungen dieses Themenbereiches zu ändern?
Ja ( )　　Nein ( )
Wenn ja:

5.17 Was?
_____
_____
_____

5.18 Wie?
_____
_____
_____

5.19 Was folgte daraus?
_____
_____
_____

6. Positive Merkmale des Arbeitsplatzes

Bis jetzt sollte dieser Fragebogen störende und beeinträchtigende Arbeitsplatzbedingungen erfassen. Nun möchten wir von Ihnen wissen, was Ihnen an Ihrem Arbeitsplatz *gefällt*. Dies könnte zum Beispiel von Bildern an den Wänden bis zu einem angenehmen Arbeitsklima reichen.

_____
_____
_____
_____
_____
_____

11.3 Empfehlungen zum Umgang mit dem Fragebogen

Vor dem Einsatz des Fragebogens zu Bedingungen der Arbeitsumgebung sollte jeder über den Sinn und Zweck der Befragung informiert sein. Dabei sollte darauf hingewiesen werden, dass für die Gestaltung eines Arbeitsplatzes die Einschätzung des jeweilig dort Arbeitenden relevant ist. Dies fördert die Bereitschaft, ernsthaft an der Gestaltung ihrer Arbeitsumwelt mitzuwirken. Diese Kooperationsbereitschaft wird zusätzlich verstärkt, wenn die Fragebögen während der regulären Arbeitszeit bearbeitet werden können.
Wir empfehlen, den Fragebogen allen Mitarbeitern einer Arbeitsgruppe vorzulegen. Nur so können die Arbeitsplätze umfassend beschrieben werden. Es ist deshalb auch sinnvoll, ihn nicht während der Haupturlaubszeit einzusetzen. Insgesamt sollte eine Woche anberaumt werden, um die Fragebögen ausgefüllt zurückzugeben.
Die Auswertung der Fragebögen kann eine Person verantwortlich übernehmen. Es ist sinnvoll, die Informationen pro Arbeitsraum und Themenbereich zusammenzutragen. Es muss all das herausgefiltert werden, was die Mitarbeiter als negativ oder störend erleben. Dabei ist darauf zu achten, ob die Kollegen in einem Raum die Situation gleich oder unterschiedlich beschreiben. Diese Information ist wichtig bei eventuell notwendigen Veränderungen.
Die Person, die die Fragebögen auswertet, sollte die pro Arbeitsraum zusammengestellten Informationen den jeweiligen Mitarbeitern in jedem Arbeitsraum vorstellen. In einem Gespräch kann geklärt werden, wie unterschiedliche Wahrnehmungen zustande kommen und welche Veränderungen in der Gruppe sinnvoll und möglich sind. Oftmals reichen schon explizite Absprachen z.B. zum Schließen und Öffnen der Fenster aus, um allen Beteiligten eine angenehmere Situation am Arbeitsplatz zu ermöglichen. Die störenden Aspekte der Arbeitsbedingungen, die die Gruppe nicht abstellen oder miteinander regeln kann, können am Ende des Gespräches zusammengetragen werden. Sie werden dann als Wünsche und Vorschläge an die entsprechende entscheidende Stelle weitergeleitet. Die von den Mitarbeitern genannten positiven Merkmale des Arbeitsplatzes und ihre Versuche, die Situation anders zu gestalten, geben erste wichtige Hinweise für Veränderungen.
Vor der Besprechung in jedem Arbeitsraum ist es sinnvoll, ein Gespräch vorzubereiten. Hilfreich ist hierbei ein sogenannter Gesprächsleitfaden. Zur Erstellung eines solchen Leitfadens sollten die ausgewerteten Fragebogeninhalte auf einem Blatt notiert werden, um sicherzustellen, dass alles Wichtige besprochen wird. Genauere Informationen zur Funktion und Entwicklung von

Gesprächsleitfäden finden sich bei Westhoff und Kluck (2003). Damit die Situation für alle möglichst angenehm und produktiv sein kann, ist es sinnvoll, vorab einige Regeln für das Gespräch festzulegen:

1) Eine Sitzordnung wählen, bei der niemand herausgehoben oder ausgeschlossen wird.
2) Störungen von außen ausschalten.
3) Inhalte und Ziele des Gespräches vorher klar benennen.
4) Jeden ausreden lassen.
5) Jedem aufmerksam zuhören.
6) Blickkontakt zu den Gesprächspartnern suchen.
7) Jede Anmerkung und Idee für Verbesserungen ernsthaft prüfen.

11.4 Der Arbeitsstil als Bedingung für konzentriertes Arbeiten

Der Begriff Arbeitsstil steht für die gewohnheitsmäßige Art eines Menschen zu arbeiten. Dabei spielen Aspekte der Umgebung, des Organismus, kognitive, emotionale, motivationale und soziale Aspekte des Verhaltens sowie deren Wechselwirkungen eine Rolle (Westhoff & Kluck, 2003).
Die Bedingungen, die beim Arbeitsstil eine Rolle spielen, werden inhaltlich gefüllt und bewertet durch die subjektive Wahrnehmung der arbeitenden Person. Deshalb können diese Informationen nur schwer in einer vereinheitlichten Form erhoben werden. Sinnvoller ist es, den einzelnen Mitarbeitern Gelegenheit zu geben, ihr persönliches Verhalten und Erleben zu den verschiedenen Aspekten darzustellen. Eine gute Möglichkeit dazu bietet das „entscheidungsorientierte Gespräch", wie es Westhoff und Kluck (2003) beschreiben.
Aus ökonomischen Gründen ist es sinnvoll, ein Gespräch über den Arbeitsstil nur mit den Mitarbeitern zu führen, die auf diesem Gebiet Schwierigkeiten haben oder von sich aus Interesse daran zeigen. Ein Grundprinzip der unten beschriebenen Instrumente zum Arbeitsstil ist es, dass mit diesen keine Einzelpersonen beurteilt werden. Es besteht daher nicht die Möglichkeit, Personen mit ineffektivem Arbeitsstil durch Fremdbeurteilung auszuwählen. Stattdessen ist es die Aufgabe jedes Mitarbeiters, selbst einzuschätzen, inwieweit der eigene Arbeitsstil verbesserungsbedürftig ist. Hierzu wurde ein kurzer Fragebogen in Form einer Checkliste entwickelt, der von jedem bearbeitet werden kann. Er ist weiter unten in diesem Kapitel abgedruckt. Die Checkliste spricht die Kriterien an, die für einen angemessenen Arbeitsstil eine Rolle spielen können.

Werden bei der Bearbeitung der Checkliste Schwachstellen im individuellen Arbeitsstil aufgedeckt oder Aspekte deutlich, die ein Mitarbeiter genauer betrachten will, so sollte ihm die Möglichkeit gegeben werden, mit einer Person, die er als kompetent und vertrauenswürdig erachtet, ein Gespräch zum Arbeitsstil führen zu können.

Die Vorbereitung eines solchen Gespräches ist wichtig und besteht darin, ein Gesprächskonzept zu erarbeiten, das eine möglichst vollständige, objektive, zuverlässige und gültige Erhebung der Informationen ermöglicht. Dies kann durch einen Gesprächsleitfaden gewährleistet werden. Wissen die Mitarbeiter aufgrund der vorausgegangenen Bearbeitung des Fragebogens, dass ihre Schwierigkeiten oder ihr Interesse sich auf bestimmte, gut abgrenzbare Aspekte ihres Arbeitsstiles beziehen, so ist es aus ökonomischen Gründen ratsam, nur diese Komponenten des Arbeitsstiles zu besprechen und nicht das gesamte Spektrum.

Damit das Gespräch als diagnostisches Instrument erfolgreich sein kann, ist es wichtig, dass die Mitarbeiter zunächst ohne Vorgaben ihr Verhalten und Erleben zu den verschiedenen Bereichen darstellen. Dabei sind die positiven und negativen Erlebniskomponenten von Bedeutung, die mit Verhaltensweisen und Situationen verbunden sind. Vor dem Hintergrund, dass die Informationen gegebenenfalls für Veränderungen genutzt werden, ist es sinnvoll zu fragen, welche Vorschläge hierzu vorhanden sind und was schon selbst ausprobiert oder eingeleitet wurde.

Zum Abschluss dieses Kapitels stellen wir einen Gesprächsleitfaden zur Erfassung des Arbeitsstiles vor. Für die konkrete Planung, Durchführung und Auswertung eines „Entscheidungsorientierten Gespräches" verweisen wir hier auf die Darstellungen von Westhoff und Kluck (2003).

Der Gesprächsleitfaden betrachtet zum einen die *Planung* und konkrete *Ausführung* einer Tätigkeit, zum anderen den Umgang mit verschiedenen möglichen *Ablenkungen im Arbeitsablauf*. Diese Aspekte können erst dann beurteilt werden, wenn der konkrete *Arbeitsauftrag* beschrieben ist. Welche Rolle diese Punkte beim Arbeitsstil spielen, wird nachfolgend dargestellt.

11.4.1 Arbeitsauftrag

Unter diesem Punkt werden die *einzelnen Tätigkeiten* eines Arbeitsablaufs erfasst. Wenn Leistungsdefizite behoben werden sollen, muss klar sein, bei welchem Aspekt der Arbeit sie auftreten. Deshalb ist es wichtig, jede Tätigkeit zu benennen und zu beschreiben, und was daran mehr oder weniger gefällt.

Die Motivation bei der Arbeit spielt eine bedeutende Rolle, das heißt, wenn eine Tätigkeit wenig Freude macht, ist der arbeitende Mensch anfälliger für Störungen und die Konzentration lässt nach.
Zum Gegenstand der Arbeit gehört auch das *Arbeitsergebnis* und wie zufrieden stellend es ist. Der Umgang mit Erfolg und Misserfolg hat Einfluss auf die Motivation und damit wieder auf die Konzentration. Es ist genauso wichtig, sich für eine gute Arbeit zu belohnen als auch aus weniger erfolgreicher Arbeit Konsequenzen zu ziehen. Wird die Selbstverstärkung nicht nur bei außerordentlichen Leistungen, sondern generell bei der Erledigung einer Aufgabe eingesetzt, wird wünschenswertes Verhalten und langfristig eine stabile Motivation aufgebaut.

11.4.2 Planung der Arbeit

Die Konzentration auf eine Aufgabe wird erleichtert, wenn der Arbeitsprozess vorher geplant wird. Eine solche Planung beinhaltet (1) die Beschreibung von Zielen, (2) Überlegungen zu sinnvollen Arbeitsabläufen und (3) Einteilung der zur Verfügung stehenden Zeit.

Arbeitsziele

Ziele, ob kurz- oder langfristige, geben der Arbeit eine Richtung. Sie strukturieren die Bearbeitung einer Aufgabe und motivieren. Bei der Zielsetzung ist Folgendes zu beachten:
Die Ziele sollen

- konkret und damit die Annäherung an sie überprüfbar sein.
- dem Leistungsniveau der Mitarbeiter entsprechen, das heißt weder eine Unter- noch eine Überforderung darstellen.
- in absehbarer Zeit erreichbar sein.
- von denen mitformuliert werden, die an der Aufgabenbearbeitung beteiligt sind.
- zeitlich festgelegt werden.
- schriftlich und damit verbindlich festgehalten werden.
- trotz Verbindlichkeit flexibel gehandhabt werden. Wenn im Verlauf eines Arbeitsprozesses Schwierigkeiten auftreten oder Änderungen erforderlich werden, müssen einmal festgelegte Zielvorgaben geändert werden.

Insgesamt haben Ziele die Funktion, Prioritäten zu setzen hinsichtlich der Bedeutsamkeit von Teilaufgaben für die Gesamtaufgabe, hinsichtlich der Dringlichkeit von Teilaufgaben und hinsichtlich einer effektiven Verlaufsentwicklung im Arbeitsprozess.

Arbeitsablauf

Um gezielt und konzentriert und damit effektiv arbeiten zu können, ist es sinnvoll, Arbeitsschritte und -abläufe zu planen. Diese Planung beschreibt, wie ein Ziel erreicht werden kann und beinhaltet unter anderem Folgendes: Arbeitsvorbereitung, wie zum Beispiel die notwendigen Hilfsmittel bereitstellen; alternative Arbeitsschritte abwägen; Kontrollinstanzen für die Zielorientierung einbauen, zum Beispiel in Form von regelmäßigen Besprechungen; Verantwortlichkeiten verteilen; ähnliche Aufgaben zusammenfassen.

Zeitmanagement

Eine wesentliche Größe bei der Planung von Arbeit ist die Zeit. Dabei ist es sinnvoll, für einzelne Tätigkeiten oder Abschnitte der Arbeit Zeitspannen oder Fristen festzulegen. So können zum Beispiel für Mitarbeiterkontakte, für Pausen und für sogenannte „Stille Stunden", in denen jede Störung von außen abgeschirmt wird, feste Zeiten eingeplant werden.
Dabei kann die Zeiteinteilung auf die tageszeitlichen Schwankungen der Konzentration abgestimmt werden. So können kreative Aufgaben erledigt werden, wenn maximale Konzentration möglich ist, und Routinearbeiten entsprechend, wenn die Konzentration schon nachlässt. Die zur Verfügung stehende Zeit kann so effektiver genutzt und der Arbeitstag individuell strukturiert werden. Eine Gleitzeitregelung ermöglicht eine solche Zeitplanung eher als feste Arbeitszeiten.

11.4.3 Arbeitsausführung

Verschiedene Bedingungen erleichtern oder erschweren das Arbeiten. Dazu zählen zum Beispiel konkrete *Arbeitstechniken*, das Vorhandensein oder Fehlen notwendiger *Informationen* und der Umgang mit *Pausen*. Diese Aspekte können so gestaltet werden, dass es leichter wird, sich auf die eigentliche Arbeit zu konzentrieren.

Arbeitstechniken

Arbeitstechniken können gezielt eingesetzt werden, um den Arbeitsablauf effektiver zu gestalten. Dabei hat jeder eigene Vorstellungen von bevorzugten Hilfsmitteln, Vorgehensweisen und Arbeitsumständen. Für manche ist es zum Beispiel wichtig, an einem aufgeräumten Arbeitsplatz zu sitzen, für andere nicht.
Diese „Strategien" genauer zu beschreiben, macht deutlich, wo sie gut funktionieren und wo sie nicht effektiv oder störend sind. Es können Hinweise gewonnen werden, die auch anderen Ansatzpunkte für eine Arbeitserleichterung sein können.
Mögliche Arbeitstechniken können sein: umfassende Vorbereitung eines Arbeitsablaufes, Gedächtnisstützen, visuelle Hilfsmittel in Form von graphischen Darstellungen und Zusammenfassen ähnlicher Aufgaben, um nur einige zu nennen. Als Arbeitstechnik können auch Motivationshilfen genannt werden, wie sie an anderer Stelle zum Teil schon beschrieben wurden. Zum Beispiel: Ziele setzen, sich selbst belohnen, mit anderen zusammenarbeiten, Abwechslungen in den Arbeitstag einbauen, angemessene Anforderungen an sich stellen und Ähnliches.
Ein Aspekt der Arbeitstechniken ist die Frage, ob jemand lieber allein oder in Gruppen arbeitet. Hier gibt es bei verschiedenen Aufgabentypen individuelle Vorlieben. Für bestimmte Arbeitsschritte ist es effektiver, in Gruppen zu arbeiten, für andere ist die Einzelarbeit besser. So kann es zu Beginn einer Problemlösung sinnvoller sein, erst einmal allein Ideen zu sammeln und diese dann erst in der Gruppe zusammenzutragen.

Information

Damit effektiv gearbeitet werden kann, braucht jeder die notwendigen Informationen. Die Information in einer Arbeitsgruppe muss rechtzeitig alle Beteiligten erreichen. Dazu muss bekannt sein, wer welche Informationen benötigt. Die Bedingungen aufzudecken, die für einen unzureichenden Informationsstand von Mitarbeitern verantwortlich sind, hilft, Störungen im Informationsfluss abzustellen. Aus den Aussagen zu einer gut funktionierenden Informationsweitergabe kann abgeleitet werden, was diesen Vorgang unterstützt.

Pausen

Die Konzentration unterliegt einem Rhythmus, der unter anderem von der Tageszeit abhängig ist. So gibt es – mit individuellen Unterschieden – am Vormittag und am Nachmittag sogenannte Leistungshochs. Der Arbeitstag kann zudem aufgeteilt werden in eine Anlaufphase, produktive Phase und Endphase mit unterschiedlich starker Leistungsfähigkeit.
Es ist sinnvoll, den eigenen Leistungsrhythmus kennen zu lernen und, wenn möglich, den Arbeitsablauf darauf abzustimmen. Dabei ist zu bedenken, dass die Dauer für ausgesprochen konzentriertes und damit effektives Arbeiten begrenzt ist. Die maximale Konzentrationszeit – auch hier mit individuellen Schwankungen – kann bei Büroarbeiten mit insgesamt 4 bis 5 Stunden angesetzt werden. Durchgehend kann meist maximal 2 Stunden konzentriert gearbeitet werden.
Daraus folgt, dass bei der Planung des Arbeitsablaufes Pausen gezielt eingesetzt werden sollten. Mehrere kurze Pausen, die sich deutlich von der Arbeitsphase abgrenzen, indem z.b. der Raum gewechselt wird und entspannende Tätigkeiten ausgeübt werden, sind erholsamer als eine lange Pause, in der man im Büro sitzen bleibt.
Pausen sollte man „nach der Uhr" einlegen, und zwar so zeitig, dass man das Gefühl hat, man könnte und wollte jetzt eigentlich lieber weiterarbeiten. Unter dieser Bedingung geht man weniger gern in die Pause, aber gern und nach kurzer Pause erholt wieder an die Arbeit. Arbeitet man jedoch so lange, bis man eine Pause „braucht", so ist man in der Regel erschöpft und braucht eine sehr viel längere Erholungszeit als bei Pausen nach der Uhr. Man geht dann gern in die Pause und ungern nach kurzer Pause wenig erholt wieder an die Arbeit.

11.4.4 Ablenkungen im Arbeitsablauf

Das konzentrierte Arbeiten wird auch durch Bedingungen gestört, die nicht direkt mit der Arbeitsausführung zusammenhängen, sondern mehr mit den allgemeinen Umständen, unter denen eine Aufgabe erledigt werden soll. In diesen Bereich fallen *Unterbrechungen von außen, Zeitdruck und andere Belastungen* sowie die *körperliche und emotionale Befindlichkeit*.

Unterbrechungen von außen

Unterbrechungen, die vom konzentrierten Arbeiten ablenken, können Telefongespräche, Publikumsverkehr, Gespräche mit Kollegen, E-mails und Ähnliches sein. Diese haben für sich genommen ihren Stellenwert im Arbeitsprozess. Für Arbeitsphasen, in denen intensive Konzentration erforderlich ist, sollte aber ein Weg gesucht werden, diese „Störungen" zu vermeiden. Dazu helfen zum Beispiel Sprechstundenzeiten oder „Stille Stunden" (siehe auch Zeitmanagement). Unterbrechungen können auch positive Seiten haben. Sind diese bewusst, kann die störende Wirkung der Ereignisse an Bedeutung verlieren. Indem die positiven Aspekte zum Beispiel eines Gespräches mit Kollegen zu anderen Zeiten genutzt oder eingeplant werden, fällt es leichter, die Störungen auszuschalten.

Zeitdruck und andere Belastungen

Hier geht es darum, sich darüber klar zu werden, wann Arbeitsumstände als belastend erlebt werden und welchen Einfluss das Erleben der Belastung auf das Leistungsvermögen hat. So kann zum Beispiel für manche Zeitdruck eine leistungsfördernde Wirkung haben, da das Ziel direkt und deutlich vor Augen ist. Bei anderen behindert Zeitdruck zielgerichtetes Arbeiten. In der in Kapitel 10 dargestellten Studie von Irrgang und Westhoff (2003) haben die Befragten angegeben, dass sie realistische Terminvorgaben als hilfreich, unrealistisch kurze Termine als das konzentrierte Arbeiten störend erleben.
Das heißt, jeder sollte beschreiben, welche Situationen belastend sind und wie er damit umgeht. Mögliche Belastungen am Arbeitsplatz sind zum Beispiel: Ungewissheiten jeder Art, nicht nachvollziehbare Gebote und Verbote, neue Aufgabenstellungen und Verantwortungen, Schwierigkeiten im Umgang mit anderen, zu viele Aufgaben oder unrealistische Erwartungen anderer.
In einem weiteren Schritt können Überlegungen dazu folgen, wie man sich auf Belastungen vorbereiten kann oder wirkungsvoller mit ihnen umgeht.

Körperliche und emotionale Befindlichkeit

Jeder hat schon erfahren, dass es schwer fällt, sich auf seine Arbeit zu konzentrieren, wenn man sich nicht wohl fühlt. Dieses Wohlbefinden umfasst zwei Aspekte: die körperliche Befindlichkeit, die sich im Gesundheitszustand oder im Grad der Wachheit abbildet, und die emotionale Befindlichkeit, die sich in

Stimmungen oder im Grad der Ausgeglichenheit niederschlägt. So fällt es schwer, sich intensiv mit der Arbeit zu beschäftigen, wenn man krank ist oder missgestimmt.
Dieser Zusammenhang zwischen Leistungsfähigkeit und Befindlichkeit soll für die eigene Situation und das eigene Empfinden beschrieben werden. Es hat wenig Sinn, sich zur Arbeit zu zwingen, wenn die Gedanken nicht auf die anstehende Aufgabe gerichtet sind. Wenn möglich, sollten in einer solchen Situation Routinearbeiten verrichtet werden. Wenn dies wegen terminlichen Verpflichtungen nicht geht, kann versucht werden, sich mit Hilfe anderer Personen oder mit Entspannungstechniken kurzfristig auf die Arbeit einzustellen. So kann es zum Beispiel schon eine Hilfe sein, emotionale Belastungen anderen mitzuteilen.

11.5   Checkliste zum eigenen Arbeitsstil

Instruktion

Der Arbeitsstil, das ist die gewohnheitsmäßige Art zu arbeiten, hat einen großen Einfluss auf konzentriertes und damit effektives Arbeiten. Er umfasst den Arbeitsprozess vom Arbeitsauftrag bis zum Arbeitsergebnis.
Der Fragebogen soll Sie dazu anregen, über Ihren Arbeitsstil nachzudenken. Dieser Fragebogen bildet das Spektrum der Aspekte ab, die beim Arbeitsstil eine Rolle spielen können. Deshalb sollten sie hinterfragt werden, um sie gegebenenfalls zu verbessern.
Lesen Sie sich die einzelnen Punkte durch und überlegen Sie, wie diese in Ihrem Arbeitsprozess aussehen. Haben Sie schon über diese Aspekte nachgedacht? Wenn ja, welche Rolle spielen sie in Ihrem Arbeitsalltag? Sollten Sie auf Inhalte stoßen, über die Sie mehr wissen möchten, sei es aus Interesse oder weil Sie etwas ändern wollen, dann besteht das Angebot, in einem Gespräch Ihren Arbeitsstil oder Ausschnitte daraus genauer zu betrachten. Ein solches Gespräch gibt oft schon wichtige Hinweise auf Verbesserungsmöglichkeiten.

1.   Arbeitsauftrag

Die *Motivation* bei der Arbeit spielt eine bedeutende Rolle für effektives Arbeiten. Tätigkeiten, die wenig Freude machen, sind anfälliger für Störungen. Deshalb ist es wichtig, sich darüber klar zu werden, welche einzelnen Aufgaben im Arbeitsablauf anfallen, was man daran mag und auch was man weniger daran mag.

Welche Arbeiten haben Sie zu erledigen?
Jeweils:
- Was gefällt Ihnen daran?
- Was gefällt Ihnen daran weniger?

Es ist genauso wichtig, sich für eine gute Arbeit zu belohnen als auch aus weniger erfolgreicher Arbeit Konsequenzen zu ziehen. Dieser Umgang mit *Erfolg und Misserfolg* beeinflusst die Arbeitsmotivation und damit das wirkungsvolle Arbeiten.

Wann sind Sie mit dem Ergebnis Ihrer Arbeit zufrieden?
- Wie gehen Sie damit um?
- Wann sind Sie mit dem Ergebnis Ihrer Arbeit weniger zufrieden?
- Wie gehen Sie damit um?

2. Planung der Arbeit

Je besser ein Arbeitsprozess geplant wird, umso schneller und effektiver können die verschiedenen Aufgaben erledigt werden. Diese *Planung* umfasst Arbeitsziele, Überlegungen zum Arbeitsablauf und die Einteilung der Arbeitszeit. *Arbeitsziele* bestimmen die Wichtigkeit und Dringlichkeit von Teilaufgaben und dadurch die Effektivität des Arbeitens. Bei der Formulierung dieser Ziele ist unter anderem darauf zu achten, dass sie konkret und in absehbarer Zeit erreichbar sind.

Welche Arbeitsziele setzen Sie sich?
- Wie legen Sie Ihre Arbeitsziele fest?
- Erreichen Sie die gesetzten Ziele?
- Wie gehen Sie damit um, wenn Sie ein Ziel erreicht haben?
- Wie gehen Sie damit um, wenn Sie ein Ziel nicht erreicht haben?

Des Weiteren ist es nützlich, sich Gedanken über den konkreten *Arbeitsablauf* zu machen. Die Planung hierzu umfasst zum Beispiel die Vorbereitung zu einzelnen Arbeitsschritten, die Überlegung, welche Arbeitsschritte überhaupt sinnvoll und möglich sind, und die Kontrolle der Zielerreichung.

Gehen Sie bei Ihrer Arbeit nach einem Plan vor?
- Wie sieht dieser aus?
- Welche Arbeitsmittel benötigen Sie für Ihre Arbeit?
- Stehen Ihnen diese Arbeitsmittel in ausreichendem Maß zur Verfügung? Was reicht nicht aus?

Eine wesentliche Größe für die Planung der Arbeit ist die *Zeit*. Sie ist immer begrenzt und muss deshalb auf die anstehenden Arbeiten verteilt werden. Indem Zeitspannen und Fristen festgelegt werden, wird der Arbeitsprozess zusätzlich strukturiert und die Konzentration erleichtert.

Wie teilen Sie sich Ihre Arbeitszeit ein?
- Welche Gesichtspunkte berücksichtigen Sie bei Ihrer Zeitplanung?
- Wie kommen Sie mit Ihrer Zeit aus?

3. Arbeitsausführung

Die eigentliche Arbeit fällt leichter, wenn die Bedingungen für die Ausführung förderlich gestaltet sind. So können *Arbeitstechniken* eingesetzt werden, die den Arbeitsablauf effektiver gestalten. Das umfasst bevorzugte Hilfsmittel, Vorgehensweisen und Arbeitsumstände.
- Was erleichtert Ihnen die Arbeit?
- Welche Bedingungen erschweren Ihnen die Arbeit?
- Wie könnten die störenden Bedingungen ausgestaltet werden?
- Arbeiten Sie lieber allein oder mit anderen zusammen? Wovon hängt das ab?

Jeder benötigt für effektives Arbeiten *Informationen*. Diese müssen rechtzeitig vorliegen.
- Welche Informationen benötigen Sie, um Ihre Aufgaben zufrieden stellend auszuführen?
- Fühlen Sie sich ausreichend informiert?
- Welche Informationen fehlen Ihnen?
- Welche Informationen müssen Sie an andere weitergeben?
- Wie funktioniert Ihre Informationsweitergabe?

Es fällt leichter, gut und schnell zu arbeiten, wenn die Arbeit dem individuellen *Leistungszyklus* anpasst ist. Die Dauer konzentrierter und damit effektiver Arbeit ist begrenzt und sollte deshalb so eingerichtet werden, dass sie mit

Leistungshochs zusammenfällt. Pausenzeiten sollten deshalb gezielt eingesetzt und auch bewusst gestaltet werden, damit sie Erholungswert besitzen.
- Wie häufig machen Sie Pausen?
- Was machen Sie in den Pausen?
- Wie erholen Sie sich in den Pausen?

4. Ablenkungen im Arbeitsablauf

Die Arbeit kann auch durch Bedingungen gestört werden, die nicht unmittelbar mit dem Arbeiten zu tun haben, sondern mit den Umständen, unter denen eine Aufgabe erledigt werden soll. In diesen Bereich fallen *Unterbrechungen von außen*, *Zeitdruck* und *andere Belastungen* sowie die *körperliche und emotionale Befindlichkeit*. Oft ist der erste Schritt zur Beseitigung einer Störung schon getan, wenn diese bewusst als solche wahrgenommen wird.
Gibt es neben den Pausen andere Unterbrechungen in Ihrem Arbeitsablauf?
Wenn ja:
- Welche?
- Wie häufig?

In welchen Situationen fühlen Sie sich bei der Arbeit belastet?
Wie finden Sie das?
Wie erleben Sie Arbeit unter Zeitdruck?
Wie wirkt sich Ihr körperliches Befinden auf die Arbeit aus?
Wie wirkt sich Ihr emotionales Befinden auf die Arbeit aus?

11.6 Gesprächsleitfaden zur Erfassung des Arbeitsstils eines anderen

Hinweise zum Gespräch

Das Gespräch zur Erfassung des Arbeitsstiles wurde nach den Regeln für ein entscheidungsorientiertes Gespräch nach Westhoff und Kluck (2003) geplant. In der Planung wurde zusammengetragen, was den Arbeitsstil einer Person beschreibt. Indem dies vorher festgelegt wurde, ist gewährleistet, dass die notwendige Information möglichst vollständig und unverzerrt erhoben werden kann. Die Angaben werden damit objektiver, zuverlässiger und zutreffender.

Die Strukturierung des Gespräches erleichtert der Person, über ihr Erleben und Verhalten beim Arbeiten zu berichten. Sie erhält Hinweise auf relevante Aspekte des Arbeitens und kann ihr Verhalten später auf dieser Grundlage beobachten.

Für den Gesprächsleiter ist der Leitfaden eine Hilfe zur Strukturierung des Gespräches. Er hilft, sich besser auf das Gesagte konzentrieren zu können und flexibler in der Gesprächsführung zu bleiben, wodurch beide Seiten geistig wie emotional entlastet werden. Der Leitfaden bietet die Möglichkeit zu kontrollieren, ob das Notwendige besprochen wurde. Dadurch werden Fehler und Verzerrungen bei der Beschreibung des Verhaltens verringert.

Bei der Durchführung des so vorbereiteten Gespräches sind folgende Punkte zu beachten:

1. Wenn es möglich ist, sollte das Gespräch auf Tonträger aufgezeichnet werden. Das entlastet den Gesprächsleiter und die Informationen sind besser zugänglich für die spätere Auswertung. Voraussetzung für eine solche Aufnahme ist das Einverständnis der befragten Person.
2. Das Gespräch beginnt nach der Begrüßung mit der Erläuterung der Ziele und einem Überblick über das geplante Vorgehen. Am Ende eines Abschnittes ist es sinnvoll, die wesentlichen Gesprächsinhalte zusammenzufassen. Damit kann geprüft werden, ob das Gesagte richtig verstanden wurde.
3. Es ist wichtig, eine Atmosphäre des Vertrauens und der Offenheit zu schaffen. Das schließt ein, dass der Gesprächsleiter und die befragte Person ihre vorher gebildeten Erwartungen und Bewertungen des anderen und der Gesprächssituation hinterfragen.
4. Ein entscheidungsorientiertes Gespräch muss über den Leitfaden hinaus vorbereitet werden. Das heißt, es muss Zeit für das Gespräch eingeplant und dafür gesorgt werden, dass das Gespräch nicht von außen gestört wird.
5. Die beteiligten Personen bereiten sich auf das Gespräch vor, indem sie vorher schon über das Thema nachdenken. In dem Gespräch ist es dann wichtig, sich auf die anderen einzustellen.

Das heißt, dass die emotionale und motivationale Verfassung des anderen und seine kognitiven und sozialen Bedingungen berücksichtigt werden und dass auf körperliche Besonderheiten eingegangen wird.

Gesprächsleitfaden zur Erfassung des Arbeitsstiles

Effektives Arbeiten steht auch im Zusammenhang mit der Art und Weise, wie jemand gewohnheitsmäßig arbeitet. Deshalb soll an dieser Stelle nach Ihrem persönlichen Arbeitsstil und nach Gestaltungswünschen und -möglichkeiten der damit verbundenen persönlichen Arbeitsbedingungen gefragt werden. Dabei werden der *Arbeitsauftrag*, die *Planung*, die *Arbeitsausführung*, *Ablenkungen im Arbeitsablauf* und Aspekte der *Anleitung von Mitarbeitern bei der Arbeit* zur Sprache kommen.
Wir wollen dies gemeinsam an größeren Arbeiten oder Projekten (bei Hochschulabsolventen beispielsweise Diplomarbeit oder Projekt im Praktikum) ansehen, die Sie schon erledigt haben.

0. Offene Aufforderung zu berichten

Bitte stellen Sie doch einmal ausführlich dar, wie Sie das Projekt XY angegangen sind, wie es sich entwickelte und wie es zu Ende ging.

1. Arbeitsauftrag

Bitte schildern Sie den Arbeitsauftrag zum Projekt XY.
Was hatten Sie da zu tun?
Welche der einzelnen Tätigkeiten gefielen Ihnen?
- Was fanden Sie gut daran?
- Was gefiel Ihnen daran vielleicht auch weniger?

Welche dieser Tätigkeiten gefielen Ihnen weniger?
- Was fanden Sie daran nicht so gut?
- Was fanden Sie daran vielleicht auch gut?

2. Planung der Arbeit

Haben Sie etwas geplant zu diesem Projekt?
Wenn ja: Wie sind Sie vorgegangen?
Wenn nein: Gab es von sonst jemandem einen Plan dazu?
Wenn ja: Wie sah dieser Plan aus?

Jeweils zum Plan:
- Was fanden Sie daran gut?
- Was fanden Sie daran nicht so gut?

Arbeitsziele

Haben Sie sich Ziele gesetzt?
Wenn ja: Welche? Welche haben Sie davon erreicht?
Haben Ihnen andere Ziele gesetzt?
Wenn ja: Welche? Wie fanden Sie diese Ziele? Welche haben Sie davon erreicht?

Arbeitsablauf

Gingen Sie bei dieser Arbeit nach diesem Plan vor?
Wenn ja:
- In welchen Punkten hat sich der Plan bewährt?
- In welchen Punkten hat sich der Plan vielleicht nicht bewährt?

Wenn nein: Wie sind Sie dann vorgegangen?
Welche Arbeitsmittel benötigten Sie für Ihre Arbeit?
Hatten Sie diese erforderlichen Arbeitsmittel zur Verfügung?
Wenn nein:
- Was haben Sie daraufhin getan?
- Was hatte das zur Folge?

Zeitmanagement

Wie sah ein typischer Arbeitstag für Sie aus?
Wie viele Stunden haben Sie täglich gearbeitet?
Für den Verlauf der Arbeit ist entscheidend, wie Arbeits- und Pausenzeiten eingeteilt und ausgefüllt werden.
Wie haben Sie sich Ihre Arbeitszeit eingeteilt?
- Welche Gesichtspunkte haben Sie bei dieser Einteilung berücksichtigt?
- Wie sind Sie mit Ihrer Zeit ausgekommen?

Wenn gut:
- Wie fühlten Sie sich dann?
- Was war entscheidend dafür, dass Sie mit der Zeit ausgekommen sind?

Wenn schlecht:
- Woran lag das Ihrer Meinung nach?
- Was haben Sie dann getan?
- Wie sah das Ergebnis dieser Bemühungen aus?
- Wenn positiv:
- Was hat die Situation für Sie verbessert?
- Wenn negativ:
- Woran lag es Ihrer Meinung nach?

Was gefällt Ihnen an dieser Arbeitsplanung?
Was gefällt Ihnen weniger an Ihrer Arbeitsplanung?

3. Arbeitsausführung

Arbeitstechniken

Was haben Sie getan, um sich die Arbeit zu erleichtern?
Welche Hilfsmittel haben Sie benützt?
Welche Rolle spielten dabei andere Menschen?
Haben Sie das Ergebnis Ihrer Arbeit kontrolliert?
Wenn ja: Wie?
Wie wichtig war es für Sie, dass Ihr Arbeitsplatz übersichtlich ist?
- Was haben Sie dafür getan?
- Wie sah das Ergebnis aus?

Welche Bedingungen haben Ihnen die Arbeit erschwert?
Haben Sie versucht, diese zu ändern?
Wenn ja:
- Wie war das Ergebnis Ihrer Bemühungen?
- Wenn positiv: Was hat sich an den Bedingungen geändert?
- Wenn negativ: Woran lag es?

Wenn nein: Was hielt Sie davon ab, etwas zu ändern?
Wann haben Sie alleine gearbeitet?
- Was fanden Sie daran gut?
- Was fanden Sie daran weniger gut?

Wann haben Sie mit anderen zusammengearbeitet?
- Was fanden Sie daran gut?
- Was fanden Sie daran weniger gut?

Informationsfluss

Damit man ungestört arbeiten kann, muss man die notwendigen Informationen haben.
Wie erlebten Sie den Informationsfluss bei Ihrer Arbeit?
(Erhielten Sie diese rechtzeitig? Fühlten Sie sich ausreichend informiert?)
Wenn positiv: Was fanden Sie gut daran?
Wenn negativ:
Welche Informationen fehlten Ihnen? Wie wirkte sich das aus?
Woran lag es, Ihrer Ansicht nach, dass Sie nicht hinreichend informiert waren?
- Haben Sie etwas dagegen unternommen?
- Was hat es bewirkt?

Wenn es Sie nicht zufrieden stellte: Woran ist es gescheitert?
Welche Informationen mussten Sie an andere weitergeben?
- Wann haben Sie das üblicherweise getan? (ausreichend, rechtzeitig?)
- Waren die anderen mit Ihrer Informationsvermittlung zufrieden?

Wenn ja: Was war positiv daran?
Wenn nein:
- Wie kam es dazu?
- Sehen Sie Möglichkeiten, Ihr Verhalten in diesem Punkt zu ändern?
- Welche Bedingungen müssen dafür erfüllt sein?

Pausen

Wie häufig haben Sie Pausen gemacht?
Wie lange haben die Pausen gedauert?
Was haben Sie in den Pausen gemacht?
Wie haben Sie die Pausen erlebt?
Was haben Sie daran eher positiv erlebt?
Was haben Sie daran eher negativ erlebt?
- Was machte Sie an den Pausen unzufrieden?
- Haben Sie Alternativen gesehen? Wenn ja: Welche?
- Haben Sie Alternativen ausprobiert?
- Wenn ja: Wie war das für Sie?
- Wenn positiv: Was hat die Änderung für Sie verbessert?
- Wenn negativ: Woran lag es Ihrer Meinung nach?

4. Ablenkungen im Arbeitsablauf

Unterbrechungen von außen

Gab es neben den Pausen andere Unterbrechungen in Ihrem Arbeitsablauf?
Wenn ja:
- Welche?
- Wie häufig kam das im Laufe eines Tages vor?

Wenn nein: Wie fanden Sie das?
Wie haben Sie Unterbrechungen erlebt?
- Was fanden Sie vielleicht gut an diesen Unterbrechungen?
- Was fanden Sie vielleicht nicht so gut an diesen Unterbrechungen?

Wie haben Sie sich verhalten, wenn Sie unterbrochen wurden?
Haben Sie Möglichkeiten gesehen, diese Unterbrechungen zu vermeiden?
Wenn ja: Haben Sie versucht, diese umzusetzen?
- Wenn ja:
- Wie sah das aus?
- Was war das Ergebnis dieses Versuches?
- Wenn positiv:
- Was hat sich positiv verändert?
- Wenn negativ:
- Wie kam es dazu?

Wie haben Sie sich verhalten, wenn Sie Unterbrechungen nicht abstellen konnten?

Zeitdruck und andere Belastungen

In welchen Situationen fühlten Sie sich bei der Arbeit belastet?
- Wie fanden Sie das?
- Wann traten solche Situationen auf?

Haben Sie Möglichkeiten gesehen, diese Belastungen zu reduzieren?
Wenn ja:
- Welche? Haben Sie diese in die Tat umgesetzt?
- Wenn ja: Wie waren die Ergebnisse?
- Wenn nein: Wie kam es dazu, dass Sie es gar nicht versucht haben?

Wenn nein: Wie haben Sie sich verhalten, wenn Sie die belastende Situation nicht ändern konnten?
In welchen Situationen fühlen Sie sich angenehm belastet?

- Was gefällt Ihnen an diesen Situationen?
In welchen Situationen fühlen Sie sich unangenehm belastet?
- Was stört Sie an diesen Situationen?
Wie erleben Sie Arbeit unter Zeitdruck?
- Was finden Sie gut daran?
- Was finden Sie nicht so gut daran?

Körperliche und emotionale Befindlichkeit

Wie hat sich Ihr körperliches Befinden auf die Arbeit ausgewirkt?
Gab es bei körperlichen Belastungen für Sie Möglichkeiten, sich anders zu verhalten?
Wenn ja: Haben Sie diese ausprobiert?
Wenn ja: Wie war das für Sie?
Wenn nein: Was hielt Sie davon ab?
Wie wirkte sich Ihr emotionales Befinden auf die Arbeit aus?
- Wie hat es sich auf Ihre Arbeit ausgewirkt, wenn Sie
- enttäuscht
- frustriert
- niedergeschlagen
- wütend
- glücklich waren?
- Fallen Ihnen hier noch andere Gefühle ein, die sich auf Ihre Arbeit ausgewirkt haben? Wie sind Sie damit bei der Arbeit umgegangen?
Zu jeder dieser Fragen:
Wie erlebten Sie diese Situationen?
Gab es für Sie Möglichkeiten, sich anders zu verhalten?
Haben Sie diese ausprobiert?
Wenn ja: Wie war das für Sie?
Wenn nein: Was hielt Sie davon ab?

Arbeitsergebnis

Waren Sie mit den Ergebnissen Ihrer Arbeit zufrieden?
Wenn ja:
- Wie haben Sie sich gefühlt?
- Was haben Sie dann getan?

Wenn nein:
- Wie haben Sie sich gefühlt?
- Was haben Sie dann getan?

Wir haben uns nun ausführlich Ihr Arbeitsverhalten bei einem größeren Projekt angesehen. Bitte schildern Sie nun Ihr Arbeitsverhalten bei einem zweiten größeren Projekt.

Intersituative Konsistenz des Verhaltens

Hier kann nun nach den jeweiligen Schilderungen gefragt werden, ob der Befragte dies auch sonst bei größeren Arbeiten so gemacht hat. Wo er dies bejaht, kann man verallgemeinernd annehmen, dass es sich um gewohnheitsmäßiges Arbeitsverhalten handelt.

Zeitliche Stabilität des Verhaltens

Will man feststellen, ob es sich um eine neuere oder schon ältere Gewohnheit handelt, so kann man jeweils fragen, ob er das schon immer so gemacht habe. Bei „nein" kann man sich schildern lassen, wie er sich zuvor verhalten hat und wie er zu seinem jetzigen Verhalten gekommen ist.

Konzentration im Alter

12 Alter und Konzentration

Die Konzentrationsleistung verändert sich im Alter. Am Beispiel des Themas Konzentration und Autofahren wird aufgezeigt, wie sich diese Veränderung auf einen Bereich des Alltags auswirkt. Dabei wird einerseits auf Verkehrssituationen eingegangen, andererseits auf weitere Merkmale, die sich in Wechselwirkung mit der Konzentrationsfähigkeit auf das Verhalten und die Leistung beim Autofahren auswirken.

12.1 Bedingungen für Verhalten

Menschliches Verhalten kommt immer aufgrund von mehreren Bedingungen zustande. Eine Möglichkeit, diese Bedingungen zu ordnen, ist die Verhaltensgleichung (Westhoff & Kluck, 2003, S. 24), die hier erläutert und für unsere Thematik verwendet werden soll:

$$V = f_I(U,O,K,E,M,S)$$

Diese Gleichung besagt: Verhalten wird beeinflusst durch folgende Gruppen von Bedingungen:

- Umgebungsbedingungen (U),
- Organismusbedingungen (O),
- Kognitive Bedingungen (K),
- Emotionale Bedingungen (E),
- Motivationale Bedingungen (M),
- Soziale Bedingungen (S),
- und deren Wechselwirkung (gekennzeichnet durch das tiefgestellte I für Interaktion).

In diese Gruppen von Bedingungen kann man die verschiedensten Einflüsse auf menschliches Verhalten einordnen. Konzentration gehört zu den kognitiven Bedingungen (= der geistigen Leistungsfähigkeit). Ebenfalls zu den kognitiven Bedingungen gehören Persönlichkeitsmerkmale wie Intelligenz, Gedächtnis, räumliches Vorstellungsvermögen und auch Gelerntes wie die Kenntnis der Straßenverkehrsordnung und Fertigkeiten im Umgang mit einem Kraftfahrzeug.

Wenn man Bedingungen von Verhalten beschreibt, ist es wichtig, dass man dabei dreierlei beachtet:

1. Für die meisten Verhaltensweisen gibt es nicht nur eine, sondern mehrere Bedingungen.
2. Wenn man von einer Bedingung spricht, bedeutet das nicht, dass sie zwangsläufig eine bestimmte Folge hat. So wird es zwar wahrscheinlicher, dass jemand etwas isst, wenn er hungrig ist, aber es kann durchaus sein, dass andere Bedingungen dafür sorgen, dass er es nicht tut, zum Beispiel die Tatsache, dass er gerade in einer Besprechung mit seinem Vorgesetzten ist.
3. Wenn man sagt, dass Verhalten durch etwas bedingt ist, heißt das nicht, dass man das Verhalten damit vollständig erklärt. Zum Beispiel kann man auch etwas essen, ohne Hunger zu haben, zum Beispiel, weil einem gerade etwas angeboten wird, was appetitanregend wirkt.

Konzentration ist eine der Bedingungen, die bewirken, dass man sicher Auto fahren kann, aber sie ist nicht die einzige. Andererseits wirken sich Unterschiede in der Konzentrationsleistung nicht zwangsläufig unmittelbar darauf aus, wie sicher man Auto fährt, sondern das hängt noch von vielem anderen ab. Außerdem gibt es zwischen der Konzentration und den anderen Bedingungen Wechselwirkungen. Die Veränderungen der Konzentration mit dem Alter und auch die Wechselwirkungen mit anderen Bedingungen sollen im Folgenden erläutert werden.

12.2 Alter und Tempo beim konzentrierten Arbeiten

Mit zunehmendem Alter verlangsamen sich die Reaktionen von Menschen. Dies fängt schon ab etwa 20 Jahren an. Allerdings vollzieht sich dieser Prozess zu Beginn noch sehr langsam, so dass hier zwar Zusammenhänge mit dem Alter gefunden werden, diese aber gering sind. Für praktische Zwecke kann man das Tempo beim konzentrierten Arbeiten in der Zeit von 20 bis 40 Jahren als stabil ansehen. In jedem Lebensalter können Krankheiten und körperliche

Beschwerden das konzentrierte Arbeiten beeinträchtigen. In dem Zeitraum, in dem Menschen berufstätig sind, also bis zu einem Alter von etwa 65 Jahren, ist die Verlangsamung nur in wenigen Ausnahmen von Bedeutung, die auf früh auftretende Demenz- oder andere Erkrankungen zurückzuführen sind. Demenzerkrankungen sind Folgen einer Erkrankung des Gehirns und führen zur Beeinträchtigung vieler höherer Gehirnfunktionen, einschließlich Gedächtnis, Denken, Orientierung, Lernfähigkeit. Zum Teil gehen sie auch mit Störungen der Konzentration einher. Alzheimer, eine Ursache von Demenz, kann auch schon im mittleren Erwachsenenalter auftreten. Im Alter ab 65 Jahren kann die Verlangsamung der Reaktionen auch bei Personen, die keine Erkrankungen haben, im Alltag von Bedeutung sein. Zur Verlangsamung tragen dann Krankheiten und Beschwerden bei, die im Alter zunehmen. Allerdings führt auch das bloße Altern zu einer Verlangsamung, auch dann, wenn ältere Menschen gesund sind und keinerlei Beschwerden haben. In höherem Alter ist die Verlangsamung erheblich.

Ein zweiter Effekt ist im Alter zu beobachten: Es verringert sich nicht nur das Tempo aller Reaktionen, sondern die Unterschiede zwischen den Personen nehmen zu. So kann man zwar Aussagen über die Konzentration einer Altersgruppe im Mittel machen, aber die Unterschiede innerhalb der Gruppen werden umso größer, je älter die Personen werden. Das Alter allein erlaubt also gerade bei älteren Personen keine gute Abschätzung ihrer Konzentrationsleistung und der Leistungen, die von Konzentration beeinflusst werden.

Gemeinsam mit dem Tempo bei einfachen Aufgaben verringern sich die Leistungen bei solchen komplexeren Aufgaben, die schnelles Reagieren verlangen, also zum Beispiel auch bei zeitbegrenzten Aufgaben in Intelligenztests. Die Intelligenzbereiche und -aufgaben, wo es nicht auf schnelles Reagieren ankommt, sondern zum Beispiel auf Wissen, das im Laufe des Lebens angesammelt wurde, sind hiervon nicht betroffen (Christensen, Mackinnon, Jorm, Henderson, Scott & Korten, 1994).

Einige Theorien, die die Verlangsamung im Alter beschreiben, sprechen von einer allgemeinen Verlangsamung aller Reaktionen im Alter, die alle Funktionen gleichermaßen betrifft. In einigen Experimenten wird unterschieden zwischen Teilprozessen, die gesteuert werden, und übergeordneten, steuernden Prozessen. Wenn immer dieselbe Art von Aufgabe erledigt werden muss, ist die Verlangsamung geringer, als wenn zwischen Aufgaben gewechselt werden muss. Beim Wechsel zwischen Aufgaben sind die steuernden Prozesse besonders wichtig, und weil sie sich stärker mit dem Alter verlangsamen als die gesteuerten Prozesse, sind Aufgaben, die hohe Anforderungen an die Koordination stellen, für ältere Personen besonders schwierig (z.B. Kramer, Hahn & Gopher, 1999). Die Unterscheidung, ob es sich im Alter um eine allgemeine oder unterschiedliche Verlangsamung verschiedener Prozesse handelt, ist zunächst von grundlagenwissenschaftlichem Interesse. In der Praxis hat sie eine geringe Bedeutung, wenn nicht gerade die steuernden Hirnregionen von einem Schlaganfall oder anderen Veränderungen betroffen sind. Für nicht in solcher Weise beeinträchtigte Personen kann man als Faustregel für die Praxis festhalten, dass solche Aufgaben, bei denen es auf schnelles Reagieren ankommt oder die besonders komplex sind, also Aufgaben, die für Jüngere relativ schwierig sind, für Ältere ganz besonders schwierig sind, unabhängig vom Inhalt der Aufgabe (Brouwer, 1994). Bei jüngeren wie älteren Personen wirken sich darüber hinaus Erfahrung, Übung und Strategien im Umgang mit neuen Aufgaben aus.

12.3 Alter und Fehleranteil beim konzentrierten Arbeiten

Die Ergebnisse zum Fehleranteil beim konzentrierten Arbeiten fallen keineswegs einheitlich aus in den Experimenten, die den Einfluss des Alters untersuchen. Ob Ältere mehr Fehler machen, hängt davon ab, ob sie dadurch, dass sie sich Mühe geben und mehr Zeit für die Reaktion lassen, diese Fehler vermeiden können. In manchen Laborexperimenten, wo dies möglich war, haben die älteren Versuchsteilnehmerinnen und -teilnehmer einen geringeren Fehleranteil gehabt als die jüngeren, weil sie ihre erlebte geringere Leistungsfähigkeit durch sorgfältigeres Arbeiten ausgeglichen haben. So weit lassen sich die Befunde zu Konzentration und Alter zusammenfassen.

12.4 Alter und Konzentration am Beispiel Autofahren

Wie wirkt sich nun die Verlangsamung auf den Alltag aus? Dies soll an einem Bereich aufgezeigt werden, der relativ gut untersucht und für viele Menschen von praktischem Interesse ist, dem Autofahren im Alter. Konzentration beim Autofahren ist wichtig, weil mangelnde Konzentration zu Unfällen führen kann. Dies gilt natürlich auch für das Zu-Fuß-Gehen im Straßenverkehr, das Fahrradfahren und die Nutzung anderer Kraftfahrzeuge, wurde aber bisher unseres Wissens nicht wissenschaftlich untersucht. Allerdings hat die Fortbewegung zu Fuß und mit dem Rad den Vorteil, dass man sich langsamer fortbewegt und deshalb auch in vielen Situationen nicht so schnell reagieren muss wie am Lenkrad eines Kraftfahrzeugs und dass die Gefährdung für andere Menschen erheblich geringer ist.

Der Anteil älterer Menschen an der Bevölkerung wächst, der Anteil Älterer an den Autofahrenden wächst noch stärker, da es zunehmend selbstverständlicher wurde, dass Menschen die Fahrerlaubnis erwerben und über einen Pkw verfügen. Dies gilt für Frauen noch mehr als für Männer, da Männer schon früher zu einem größeren Teil Autofahrer waren.

Ältere Autofahrende haben ein höheres Risiko als solche mittleren Alters, an einem Unfall beteiligt zu sein, und sie haben ein höheres Risiko, wenn sie an einem Unfall beteiligt sind, an diesem Unfall zu sterben (z.B. Pfafferott, 1994; McGwin & Brown, 1999). Das höhere Unfallrisiko älterer Autofahrerinnen und -fahrer hängt damit zusammen, dass sie langsamer reagieren als jüngere. Das höhere Risiko, einen Unfall mit Todesfolge zu erleiden, liegt nicht daran, dass Ältere schwerere Unfälle haben, sondern ist darin begründet, dass Verletzungen bei älteren Menschen schwerere Folgen haben und häufiger Komplikationen nach sich ziehen.

Der höhere Anteil von älteren Autofahrerinnen und -fahrern führt dazu, dass mehr Menschen am Lenkrad sitzen, die in gefährlichen Situationen langsamer reagieren. Das hat zweierlei zur Folge: Erstens haben mehr Fahrerinnen und Fahrer ein höheres persönliches Risiko, einen Unfall zu verursachen. Zweitens haben mehr Fahrerinnen und Fahrer ein höheres Risiko, einen Unfall nicht verhindern zu können, weil sie langsamer reagieren und deshalb weniger imstande sind, Fehler anderer Verkehrsteilnehmerinnen und -teilnehmer zu kompensieren (Cohen, 1994).

Wenn man die Ergebnisse der Untersuchungen zum Autofahren vergleicht, sticht ein überraschendes Ergebnis ins Auge: In Labortests schneiden ältere Menschen sehr viel schlechter ab als jüngere. – Als Vergleichsgruppe werden oft Autofahrer zwischen 40 und 50 genommen, weil sie sehr sicher fahren. – Wenn allerdings Fahrproben gemacht werden, mehr oder weniger standardisierte Probefahrten im Straßenverkehr, zeigen ältere Fahrerinnen und Fahrer nur in wenigen Teilaufgaben schlechtere Leistungen. Dies findet man in Unfallstatistiken ebenfalls wieder: Das Unfallrisiko älterer Autofahrerinnen und -fahrer nimmt zwar zu verglichen mit jüngeren, aber nicht in dem Ausmaß, wie man es erwarten würde, wenn man die zum Teil sehr schlechten Ergebnisse der Tests im Labor betrachtet. Zuerst soll dargestellt werden, welche Situationen für ältere Autofahrerinnen und -fahrer besonders schwierig sind, danach sollen einige Erklärungen dafür gegeben, dass das Risiko der älteren Autofahrerinnen und -fahrer im Straßenverkehr nicht in dem Ausmaß steigt, wie es aufgrund der Veränderung z.B. in der Konzentrationsleistung zu erwarten wäre.

12.4.1 Besonders schwierige Situationen für ältere Autofahrerinnen und -fahrer

Schwierig sind für ältere Fahrerinnen und Fahrer solche Situationen, in denen sie sehr viel Information aufnehmen und schnell darauf reagieren müssen. Sie haben typischerweise Unfälle an Kreuzungen, und wenn sie schuld sind, haben sie oft die Vorfahrt missachtet. In den USA wurden die Verkehrsunfälle mit Todesfolge in den Jahren 1994 und 1995 analysiert. Das Risiko älterer Fahrerinnen und Fahrer wurde mit dem Risiko von Autofahrerinnen und -fahrern in der Altersgruppe 40 bis 49 verglichen. Fahrer von 65 bis 69 Jahren haben ein 1,45-mal so großes Risiko eines tödlichen Unfalls wie Fahrer von 40 bis 49 Jahren. Bei Fahrern ab 85 Jahren ist das Risiko 5,1-mal so groß. Noch stärker steigt das Risiko älterer Fahrer, einen tödlichen Unfall an einer Kreuzung zu haben, in den noch ein zweites Fahrzeug verwickelt ist: Von 65 bis 69 Jahren ist es 2,3-mal so hoch wie bei 40- bis 49-Jährigen, ab 85 Jahren 10,6-mal so hoch. Bei Zusammenstößen an Kreuzungen ist das Risiko wiederum besonders groß, wenn die Fahrer noch anfahren müssen, wenn die Kreuzung ungeregelt ist oder die Fahrer ein Stop-Zeichen beachten müssen (Preusser, Williams, Ferguson, Ulmer & Weinstein, 1998).
Analysen der Unfalldaten in Deutschland 1997 ergaben ebenfalls, dass bei älteren Autofahrerinnen und -fahrern Unfälle beim Abbiegen zunehmen und noch stärker Unfälle, wo sie anderen die Vorfahrt nehmen. Insgesamt hatten Frauen in jeder Altersgruppe ein geringeres Risiko, einen Unfall zu verursachen, als Männer; der Altersverlauf ist allerdings bei beiden Geschlechtern ähnlich (Schlag, 2001).
Sehr zögerliches Fahren kann dazu führen, dass die Situation für andere Verkehrsteilnehmerinnen und -teilnehmer unsicherer wird; Unfälle entstehen dann, wenn andere Verkehrsteilnehmerinnen und -teilnehmer auf die unklare Situation falsch reagieren. Dies ist in einigen Situationen sicher zutreffend. In der Diskussion, ob ältere Verkehrsteilnehmerinnen und -teilnehmer indirekt Unfälle verursachen, weil sie langsam reagieren, wird allerdings oft übersehen, dass schon die Einhaltung der zulässigen Höchstgeschwindigkeit von anderen Autofahrerinnen und -fahrern oft als Behinderung wahrgenommen wird, ein Vorwurf, der älteren Fahrerinnen und Fahrern häufiger als jüngeren gemacht wird.

12.4.2 Situationen, in denen ältere Autofahrerinnen und -fahrer ein geringeres Unfallrisiko haben

Ältere Autofahrerinnen und -fahrer fahren langsamer als jüngere. Sie übertreten seltener die Geschwindigkeitsbegrenzung und halten außerhalb von Ortschaften mehr Abstand zum vorausfahrenden Fahrzeug (McGwin & Brown, 1999). Beide Verhaltensweisen tragen dazu bei, das Unfallrisiko zu verringern, indem sie den älteren Fahrerinnen und Fahrern mehr Zeit lassen, auf Veränderungen zu reagieren. Dementsprechend nimmt der Anteil von Auffahrunfällen bei älteren Autofahrerinnen und -fahrern gegenüber jüngeren ab (z.B. Cooper, 1990).

Ältere Autofahrerinnen und -fahrer fahren bei mehrspurigen Straßen eher rechts, überholen seltener und beschleunigen und bremsen weniger abrupt als jüngere.

Dies sind Beispiele, die zeigen, wie der angemessene Umgang mit Einschränkungen helfen kann, eigene Einschränkungen durch vorsichtiges Verhalten auszugleichen. Wenn man allein die Konzentrationsfähigkeit betrachtet, müssten ältere AutofahrerInnen ein sehr viel höheres Unfallrisiko haben, aber die Wechselwirkung mit den Fahrstrategien sorgt dafür, dass sie das höhere Risiko teilweise kompensieren können.

12.4.3 Zusammenhänge zwischen Veränderungen mit zunehmendem Alter im Labor und beim Autofahren

Eine schwedische Untersuchung fand heraus, dass sich Autofahrerinnen und -fahrer ab 65 Jahren, die einen Unfall hatten, von gleichaltrigen unter anderem dadurch unterschieden, dass sie in einem Konzentrationstest, dem Zahlenverbindungstest, langsamer reagierten (Lundberg, Hakamies-Blomqvist, Almkvist & Johansson, 1998).

Einige Forscher führen an, dass die Zusammenhänge zwischen den Leistungen in verschiedenen Tests für Aufmerksamkeit und Konzentration so hoch sind, dass man nicht feststellen kann, welcher Leistungsabfall mit Unfällen im Alter zusammenhängt (z.B. McKnight & McKnight, 1999), zumal die Zusammenhänge zwischen Labortests und Unfallzahlen schwach sind.

Wenn man die Ergebnisse von Leistungstests betrachtet, müsste man erwarten, dass ältere Autofahrerinnen und -fahrer ein extrem hohes Unfallrisiko haben. Sie haben zwar ein höheres Unfallrisiko als Fahrerinnen und Fahrer mittleren Alters, aber es ist nicht so hoch, wie der Leistungsabfall in Labortests erwarten lässt. Dafür gibt es verschiedene Erklärungsansätze, die im Folgenden vorgestellt werden sollen.

12.4.3.1 Kompensation durch Erfahrung

Eine sicherlich gängige Erklärung dafür, dass ältere Autofahrerinnen und -fahrer im Straßenverkehr weniger Unfälle haben, als man angesichts der Leistungsverringerung in Tests annehmen würde, ist, dass sie zwar langsamer reagieren, aber erfahrener sind. Das Ausmaß, in dem Leistungsverminderungen, wie sie sich in Tests zeigen, durch Übung im Straßenverkehr ausgeglichen werden können, ist umstritten. Erfahrung hilft, bestimmte Verkehrssituationen zu erkennen. Allerdings sind es gerade Situationen an Kreuzungen, wo einem Erfahrung helfen sollte, die Gefahren wahrzunehmen, und gerade in diesen Situationen haben ältere AutofahrerInnen besonders häufig Unfälle.

12.4.3.2 Fahrproben erreichen nur selten die Grenzen der Leistungsfähigkeit

Ein möglicher Grund dafür, dass ein deutlicher Leistungsabfall in Labortests, jedoch nur ein geringer Leistungsabfall in der Realität beobachtet wird, kann auch darin liegen, dass die Tests im Labor höhere Anforderungen stellen als die meisten Verkehrssituationen. So fand Korteling (1990) zwar Unterschiede zwischen jüngeren und älteren Fahrerinnen und Fahrern im Labor und wenn er beim Autofahren eine Wahlreaktionsaufgabe erledigen ließ, er fand jedoch keine Unterschiede in der Aufgabe des Kolonnenfahrens. Beim Kolonnenfahren schnitten Personen „mit Hirnverletzungen" schlechter ab als jüngere und ältere Fahrerinnen und Fahrer ohne Hirnverletzung.
Die Tests, deren Zusammenhang mit Fahrproben untersucht wird, gehen oft an die Leistungsgrenzen, mindestens in Teilfunktionen. Die Aufgabe des Autofahrens geht für geübte Autofahrerinnen und -fahrer nur in besonders schwierigen Situationen an Leistungsgrenzen – dazu tragen Verhaltensvorschriften für VerkehrsteilnehmerInnen wie zulässige Höchstgeschwindigkeiten bei. Fahrproben, die im Straßenverkehr stattfinden, dauern nur eine kurze Zeit; deshalb sind schwierige Situationen dort selten, was zur Folge hat, dass solch eine Fahrprobe weniger gut zwischen Fahrerinnen und Fahrern mit verschiedener Leistungsfähigkeit trennt als der Labortest. Allerdings können die Labortests nützlich sein, um Personen mit erheblichen Ausfällen herauszufinden,

die ein extrem hohes Unfallrisiko haben. Vorteil der Labortests ist, dass sie weniger Aufwand an Zeit und Kosten verlangen als Fahrproben.

12.4.3.3 Kompensation durch Vorsicht

Ältere Autofahrerinnen und -fahrer machen die Fehler seltener, die durch absichtliche Verstöße gegen die Straßenverkehrsordnung zustande kommen, halten sich also mehr an Geschwindigkeitsbegrenzungen und andere Verkehrsregeln, die viele absichtlich übertreten. Bei Fahrproben fuhren 90% der 40- bis 50-jährigen Fahrerinnen und Fahrer mindestens einmal bei Gelb über eine Ampel, bei den Fahrerinnen und Fahrern ab 60 war es gut die Hälfte. Allerdings fuhr jeder fünfte der Fahrerinnen und Fahrer ab 70 bei Rot über eine Ampel und keiner der jüngeren (Schlag, 1994).
Ein Vergleich der Veränderung der Leistungsfähigkeit mit dem Alter in Tests und der erlebten Leistungsfähigkeit zeigt, dass ältere AutofahrerInnen das Ausmaß der Veränderungen als deutlich geringer einschätzen, als es in Wirklichkeit ist. Möglich ist, dass die Veränderungen nicht wahrgenommen werden oder dass die Befragten sie sich nicht eingestehen wollen. Ältere AutofahrerInnen führen jedenfalls Veränderungen ihres Fahrverhaltens nicht auf die veränderte Leistungsfähigkeit zurück (Ellinghaus, Schlag & Steinbrecher, 1990).

12.4.3.4 Kompensation durch Vermeidung bestimmter Verkehrssituationen

Ältere Autofahrerinnen und -fahrer vermeiden mehr Verkehrssituationen als jüngere; dazu gehören Innenstädte, Autobahn und der Berufsverkehr (Brouwer, 1994). In einer anderen Untersuchung zeigte sich, dass ältere Autofahrerinnen und -fahrer insgesamt weniger unter ungünstigen Umständen fahren, also z.B. bei ungünstiger Witterung eher nicht fahren, Fahrten in der Dämmerung und der Dunkelheit vermeiden und im Mittel kürzere Strecken als jüngere Autofahrerinnen und -fahrer fahren (Ellinghaus, Schlag & Steinbrecher, 1990). Alle diese Situationen sind dadurch gekennzeichnet, dass sie höhere Anforderungen an die Fahrerin oder den Fahrer stellen durch schlechte Voraussetzungen für die Wahrnehmung (Regen, Dunkelheit), durch komplexe und zum Teil unübersichtliche Situationen (Innenstädte, Berufsverkehr) oder durch höhere

Belastungen (Geschwindigkeit auf der Autobahn oder Dauerbelastung durch lange Strecken).

12.4.4 Gestaltung des Straßenverkehrs als Möglichkeit zur Erhöhung der Verkehrssicherheit

Viel zu selten diskutieren diejenigen, die erforschen, ob ältere Autofahrerinnen und -fahrer Leistungsdefizite haben, ob nur die verringerte Leistungsfähigkeit der älteren Menschen die Ursache ist. Das System Straßenverkehr, wie es ist, wird oft als gegeben hingenommen. Dabei wird übersehen, dass ältere Autofahrerinnen und -fahrer nicht die schwächsten und die am wenigsten leistungsfähigen Verkehrsteilnehmerinnen und -teilnehmer sind, sondern Kinder. So sind 8-9-jährige Kinder nicht sicher in der Lage, Lücken im Straßenverkehr abzuschätzen, die zum Überqueren der Straße geeignet sind (Connelly, Conaglen, Parsonson & Isler, 1998).

Es gibt Möglichkeiten, den Straßenverkehr so zu gestalten, dass er den Anforderungen älterer und junger Verkehrsteilnehmerinnen und -teilnehmer gleichermaßen entspricht. Dies ist allerdings nur möglich, wenn man berücksichtigt, dass Kinder sich natürlicherweise nicht mit dem Auto, sondern zu Fuß oder mit dem Fahrrad fortbewegen. Maßnahmen, die sowohl die Sicherheit der Kinder als auch die älterer Autofahrerinnen und -fahrer erhöhen – zum Beispiel Tempo 30 in Städten –, verbessern auch die Verkehrssicherheit von älteren FußgängerInnen und RadfahrerInnen.

12.4.5 Veränderungen der Informationsaufnahme mit dem Auge

Wer als Autofahrerin oder -fahrer am Straßenverkehr teilnehmen will, muss die meisten notwendigen Informationen mit dem Auge aufnehmen. Deshalb soll hier auf einige grundlegende Veränderungen eingegangen werden, die mit dem Alter einhergehen und die sich auf die Verarbeitung von Information auswirken, die mit dem Auge aufgenommen wird.

Zwar nimmt im Alter die Tagsehschärfe ab, aber es lässt sich kein Zusammenhang mit der Unfallhäufigkeit feststellen, solange der gesetzlich vorgeschriebene Mindestwert der Tagsehschärfe nicht unterschritten wird. Die dynamische Sehschärfe gibt an, wie gut Details eines sich bewegenden Objekts wahrgenommen werden. Diese nimmt schon ab dem 40. bis 50. Lebensjahr deutlich ab. Weil Kraftfahrer sich in ihrer Umgebung bewegen, ist die dynamische Sehschärfe wichtiger als die statische Sehschärfe, die angibt, wie gut man ein unbewegtes Objekt wahrnimmt. Bei geringerer dynamischer Sehschärfe erhöht sich die Wahrscheinlichkeit, an einem Unfall beteiligt zu sein (Hills, 1975; Shinar & Schieber, 1991).

Das periphere Sehen nimmt mit dem Alter ab, was bedeutet, dass das Blickfeld, aus dem Informationen aufgenommen werden könnten, kleiner wird. Das periphere Sehen spielt bei größerer Beanspruchung eine Rolle für die Verkehrssicherheit, weil es wichtig ist, andere Verkehrsteilnehmerinnen und -teilnehmer schon wahrzunehmen und zu reagieren, bevor sie mitten im Blickfeld sind. Gerade in komplexen Situationen ist das schwierig. Dies versucht ein Test zum nutzbaren Gesichtsfeld (Useful field of view) abzubilden. Hier muss in der einfachen Bedingung am Punkt der Fixation die Silhouette eines Pkw oder Lkw identifiziert werden. Unter den Bedingungen geteilter Aufmerksamkeit muss außerdem eine in der Peripherie dargebotene Silhouette eines Pkw identifiziert werden, die entweder von Dreiecken umgeben ist oder nicht. Ein so gemessenes kleineres nutzbares Gesichtsfeld und höhere Unfallbeteiligung hängen zusammen (Owsley, Ball, Sloane, Roenker & Bruni, 1991). Wer besonders schlechte Leistungen in solch einem Test erreicht, besteht mit großer Wahrscheinlichkeit eine praktische Fahrprobe nicht (Myers, Ball, Kalina, Roth & Goode, 2000). Konkret kann man sich den Zusammenhang so vorstellen, dass Personen mit einem geringeren Sehfeldumfang weniger Informationen darüber haben, was in dem Verkehrsraum passiert, in dem sie sich bewegen, und dadurch erhöht sich die Wahrscheinlichkeit eines Unfalls bzw. die Wahrscheinlichkeit, bei einer Fahrprobe einen Fehler zu machen.

Wie sich einzelne Beeinträchtigungen auf das Verhalten im Straßenverkehr auswirken, hängt auch davon ab, welche Situationen ältere Autofahrerinnen und Autofahrer meiden. Nicht korrigierte Beeinträchtigungen (z. B. eine fehlende oder unzureichende Brille) führen dazu, dass die Informationsverarbeitung schlechter wird: Wenn man weniger deutlich sieht, kann man entweder nicht die nötige Information aufnehmen, oder man braucht dazu mehr Zeit. Dieses Mehr an Zeit verlängert die Reaktionszeit und erhöht damit das Unfallrisiko. Außerdem wird die Informationsaufnahme anstrengender und braucht mehr Zeit, die man nicht für andere – für das sichere Fahren notwendige – Aufgaben verwenden kann, wenn die gesehenen Bilder unscharf sind: Eine Autofahrerin, die scharf sieht, kann sich darauf konzentrieren, angemessen zu reagieren. Ein Autofahrer, der nicht scharf sieht, muss seine Aufmerksamkeit auf das richten, was er wahrnehmen möchte. Dazu braucht er erstens Zeit, die für eine Reaktion verloren geht, zweitens hat er in dieser Zeit weniger Verarbeitungskapazität dafür übrig, eine angemessene Reaktion zu planen. Das Fahren wird außerdem eher ermüdend als ohne diese Beeinträchtigungen.

12.4.6 Fahren mit Beifahrer

Für ältere Autofahrerinnen und Autofahrer gilt dasselbe wie für Autofahrer allgemein: Beifahrer können das Fahren sicherer oder unsicherer machen. Eine Befragung von älteren aktiven Autofahrerinnen und Autofahrern (Metker & Fallbrock, 1994) zeigte, dass es als hilfreich erlebt wird, wenn Beifahrerinnen und Beifahrer in unbekannten Städten die Straßenkarte lesen oder auf Schilder mit Straßennamen achten. Als ebenfalls eher hilfreich wird es erlebt, wenn Beifahrerinnen und Beifahrer helfen, nach Hausnummern oder Parkmöglichkeiten zu suchen, oder Passanten befragen. Als belastend erleben es ältere Autofahrerinnen und Autofahrer, wenn Beifahrerinnen oder Beifahrer rauchen, wenn sie ihnen die Sicht versperren beim Einfahren in eine Querstraße, wenn sie sich mit der Fahrerin oder dem Fahrer streiten oder eine sehr intensive Unterhaltung führen.

Daraus lässt sich schließen, dass es als eher günstig erlebt wird, wenn Beifahrerinnen und Beifahrer Aufgaben übernehmen, die sich schwer mit dem Fahren vereinbaren lassen wie das Lesen einer Karte oder die intensive Suche nach Straßenschildern oder Hausnummern. Ungünstig ist es für die Fahrerin oder den Fahrer, wenn die Beifahrerin oder der Beifahrer die Fahraufgabe erschwert (beim Versperren der Sicht) oder wenn sie oder er die Fahrerin oder den Fahrer ablenkt, indem es zu Streit oder zu anderen fesselnden Unterhaltungen kommt. Beifahrer werden also als günstig erlebt, wenn sie AutofahrerInnen ermöglichen, sich ganz auf den Verkehr zu konzentrieren, und als ungünstig, wenn sie AutofahrerInnen daran hindern.

12.4.7 Telefonieren beim Autofahren

McKnight und McKnight (1993) führten eine Simulationsstudie zum Telefonieren mit Freisprechanlage durch. 49 der 150 Teilnehmerinnen und Teilnehmer waren 50 bis 80 Jahre alt. Die Ergebnisse zeigten, dass die älteren Fahrerinnen und Fahrer häufiger als die jüngeren dann nicht auf Verkehrssituationen reagierten, wo es nötig gewesen wäre, wenn sie telefonierten. Die Autoren empfehlen aufgrund der Ergebnisse, dass Fahrerinnen und Fahrer ab 50 Jahren beim Autofahren nicht telefonieren sollten, und zwar gilt das auch für das Entgegennehmen einfacher Gespräche.

Navigationssysteme in Kraftfahrzeugen wirken sich dann negativ auf die Verkehrssicherheit aus, wenn sie die Kraftfahrer dazu veranlassen, den Blick länger vom Verkehrsgeschehen abzuwenden. Wie sich die Anforderungen an die Aufmerksamkeit, die diese Navigationssysteme stellen, auf die Verkehrssicherheit auswirken, wurde bisher wenig untersucht. Man kann allerdings davon ausgehen, dass Navigationssysteme ähnliche Wirkungen haben wie das Telefonieren: Sie bewirken, dass die FahrerInnen gleichzeitig mit der Information aus dem aktuellen Verkehrsgeschehen weitere Information verarbeiten müssen. Hierdurch kann es wie beim Telefonieren zu Störungen bei der Verarbeitung des Verkehrsgeschehens kommen (Hagemeister & Kettler, 2002). Dieses Problem kann bei FahrerInnen jeden Alters auftreten, wobei man annehmen kann, dass FahrerInnen, die sowieso schon Schwierigkeiten haben, die Fülle der Informationen im Straßenverkehr schnell und sicher zu verarbeiten, davon besonders betroffen sind. Bei älteren FahrerInnen wirkt sich zusätzlich nachteilig aus, dass ihre Akkomodationsgeschwindigkeit deutlich geringer ist: Wenn sie erst in die Nähe und dann in die Ferne schauen, brauchen Personen bis 40 Jahre 0,5 bis 0,8 Sekunden und Personen über 60 Jahre zwischen 2,0 und 2,7 Sekunden (Gramberg-Danielsen, 1967), bis sie in der Ferne wieder scharf sehen. Diese Zeit geht bei jedem Blickwechsel von Armaturen oder Spiegel oder Navigationssystem zur Straße verloren.

12.4.8 Sind alte Autofahrer gefährlich, weil sie sich schlechter konzentrieren können?

Die hier angeführten Befunde zeigen, dass die Verringerung der Konzentrationsfähigkeit durchaus nicht dazu führen muss, dass ältere Autofahrer, deren Konzentration sich im üblichen Ausmaß verändert, viele oder schwere Unfälle haben. Allerdings setzt sicheres Fahren voraus, dass die älteren Autofahrerinnen und -fahrer angemessen mit ihren Einschränkungen umgehen, bei den körperlichen Bedingungen also z.B. eine Brille tragen oder unter bestimmter Medikation nicht mit dem Auto fahren, bei den Umgebungsbedingungen besonders ungünstige Fahrverhältnisse meiden und nicht beim Autofahren telefonieren und bei den sozialen Bedingungen einen unterstützenden und keinen ablenkenden Beifahrer haben. An diesen Beispielen zeigt sich, dass nicht die Veränderung der Konzentrationsfähigkeit allein für die Leistung wichtig ist, sondern sich die Wechselwirkungen mit anderen Einflussfaktoren stark auswirken. Je mehr allerdings die Konzentrationsfähigkeit bei älteren Autofahrerinnen und -fahrern eingeschränkt ist, desto höher wird ihr Unfallrisiko.

Literatur

Abels, D. (1974). *K-V-T. Konzentrations-Verlaufs-Test*. Göttingen: Hogrefe.
Ackermann, P. L. & Schneider, W. (1985). Individual differences in automatic and controlled information processing. In R. F. Dillon (Ed.), *Individual Differences in Cognition* (Vol.2, pp. 35-66). Orlando: Academic Press.
Arnold, W. (1970). *Der Pauli-Test*. München: Barth.
Arnold, W. (1975). *Der Pauli-Test – Anweisung zur sachgemäßen Durchführung und Anwendung des Kraepelinschen Arbeitsversuches*. 5., korrigierte Auflage. Berlin: Springer.
Bartenwerfer, H. (1964). Allgemeine Leistungstests. In R. Heiss (Hrsg.), *Handbuch der Psychologie* (Bd.6, Psychologische Diagnostik, S. 385-410). Göttingen: Hogrefe.
Bartenwerfer, H. (1993). Allgemeine Leistungsdiagnostik. In K.-J. Groffmann & L. Michel (Hrsg.), *Enzyklopädie der Psychologie: Themenbereich B Methodologie und Methoden, Serie II Psychologische Diagnostik, Band 2 Intelligenz- und Leistungsdiagnostik (S. 482-512)*. Göttingen: Hogrefe.
Berg, D. (1991). Strategien zur Diagnostik von Konzentrationsstörungen. In H. Barchmann, W. Kinze & N. Roth (Hrsg.), *Aufmerksamkeit und Konzentration im Kindesalter* (S. 116-120). Berlin: Verlag Gesundheit.
Bourdon, B. (1972). *Figuren-Durchstreich-Test (Bourdon Test)*. Göttingen: Hogrefe.
Brickenkamp, R. (1975). *Handbuch psychologischer und pädagogischer Tests*. Göttingen: Hogrefe.
Brickenkamp, R. (1981). *Test d2 Aufmerksamkeits-Belastungs-Test*. 7. Aufl. Göttingen: Hogrefe.
Brickenkamp, R. (1991a). Fehlinterpretationen von Testleistungen? Anmerkungen zum Beitrag „Konzentrationsleistungen ohne Konzentration?". *Diagnostica, 37*, 52-57.
Brickenkamp, R. (1991b). Die Überraschung blieb aus. Eine kurze Stellungnahme zu „Überraschende Validitätsprobleme im Aufmerksamkeits-Belastungs-Test d2". *Report Psychologie, 16* (11), 46-47.
Brickenkamp, R. (1993). Zur Lösung der Problematik von Gesamttestwerten in Konzentrationstests. Eine Replik auf Oehlschlägel und Mossbruggers Kritik am Test d2. *Report Psychologie, 18* (3), 24-26.
Brickenkamp, R. (2002). *Test d2 Aufmerksamkeits-Belastungs-Test*. 9. Aufl. Göttingen: Hogrefe.
Brouwer, W. H. (1994). Ältere Autofahrer und Anforderungen an die Aufmerksamkeit. In U. Tränkle (Hrsg.), *Autofahren im Alter* (S. 121-137). Köln: Verlag TÜV Rheinland; Bonn: Deutscher Psychologen Verlag.

Brunner, A. & Dvorak, H. (1985). Leistungsniveau und Leistungsverlauf im Daueraufmerksamkeitstest als Eignungskriterien bei Fahr-, Steuer- und Überwachungstätigkeiten. *Psychologie und Praxis, Zeitschrift für Arbeits- und Organisationspsychologie, 29*, 96-105.

Christensen, H., Mackinnon, A., Jorm, A. F., Henderson, A. S., Scott, L. R. & Korten, A. E. (1994). Age differences and interindividual variation in cognition in community-dwelling elderly. *Psychology and Aging, 9*, 381-390.

Clark, H. H. & Chase, W. G. (1972). On the process of comparing sentences against pictures. *Cognitive Psychology, 3*, 472-517.

Cohen, A. (1994). Sensorik und ihre altersabhängige Variation. In U. Tränkle (Hrsg.), *Autofahren im Alter* (S. 231-243). Köln: Verlag TÜV Rheinland; Bonn: Deutscher Psychologen Verlag.

Connelly, M. L., Conaglen, H. M., Parsonson, B. S. & Isler, R. B. (1998). Child pedestrians' crossing gap thresholds. *Accident Analysis and Prevention, 30*, 443-453.

Cooper, P. J. (1990). Differences in accident characteristics among elderly drivers and between elderly and middle-aged drivers. *Accident Analysis and Prevention, 22*, 499-508.

Cronbach, L. J. & Gleser, G. C. (1965). *Psychological tests and personnel decisions* (2nd edition). Urbana: University of Illinois Press.

Davies, D. R., Jones, D. M. & Taylor, A. (1984). Selective- and sustained-attention tasks: Individual and group differences. In R. Parasuraman & D. R. Davies (Eds.), *Varieties of Attention* (S. 395-447). London: Academic Press.

Dehmelt, P., Kuhnert, W. & Zinn, A. (1975). *Diagnostischer Elternfragebogen. (DEF)*. Göttingen: Hogrefe.

De Jong, P. F. & Das-Smaal, E. A. (1990). The Star Counting Test: An attention test for children. *Personality and Individual Differences, 11*, 597-604.

Döpfner, M., Frölich, J. & Lehmkuhl, G. (2000). *Hyperkinetische Störungen*. Göttingen: Hogrefe.

Düker, H. (1931). Psychologische Untersuchungen über freie und zwangsläufige Arbeit. *Zeitschrift für Psychologie und Physiologie der Sinnesorgane. Ergänzungsband 20*.

Düker, H., Lienert, G. A., Lukesch, H. & Mayrhofer, S. (2001). *Konzentrations-Leistungs-Test - Revidierte Fassung - KLT-R*. Göttingen: Hogrefe.

Ellinghaus, D., Schlag, B. & Steinbrecher, J. (1990). *Leistungsfähigkeit und Fahrverhalten älterer Kraftfahrer*. Schriftenreihe Unfall- und Sicherheitsforschung Straßenverkehr der Bundesanstalt für Straßenwesen (Hrsg.), Band 80. Bremerhaven: Wirtschaftsverlag NW.

Frey, A. & Moosbrugger, H. (2004). Kann die Konfundierung von Konzentrationsleistung und Aktivierung durch adaptives Testen mit dem FAKT vermieden werden? *Zeitschrift für Differentielle und Diagnostische Psychologie, 25*, 1-17.

Freyberg, H. (1989). *Aufmerksamkeit und Konzentration. Ein etymologisches und begriffskritisches Essay*. Unveröffentliches Manuskript.

Gatterer, G. (1990). *Alters-Konzentrations-Test (AKT)*. Göttingen: Hogrefe.

Gopher, D. & Kahneman, D. (1971). Individual differences in attention and the prediction of flight criteria. *Perceptual and Motor Skills, 33*, 1335-1342.
Gopher, D. & Sanders, A. F. (1984). S -OH -R: Stages! OH Resources! In W. Prinz & A. F. Sanders (Eds.), *Cognition and Motor Processes* (S. 231-253). Berlin: Springer.
Gramberg-Danielsen, B. (1967). *Sehen und Verkehr*. Berlin: Springer.
Gronwall, D. & Wrightson, P. (1974). Delayed recovery of intellectual function after minor head injury. *Lancet, 2*, 605-609.
Hageböck, J. (1991). *Psymedia: Programmsystem für die psychometrische Einzelfalldiagnostik*. Göttingen: Hogrefe.
Hagemeister, C. & Kettler, D. (2002). Ablenkung durch moderne Navigationsgeräte. *Neue Zeitschrift für Verkehrsrecht, 15*, 481-488.
Hagemeister, C., Scholz, A. & Westhoff, K. (2002). Wie kann man Geübtheit in Konzentrationstests erkennbar machen? *Zeitschrift für Personalpsychologie, 2*, 94-102.
Hasher, L. & Zacks, R. T. (1979). Automatic and effortful processes in memory. *Journal of Experimental Psychology, General, 108*, 366-388.
Heubrock, D. & Petermann, F. (2001). *Aufmerksamkeitsdiagnostik*. Göttingen: Hogrefe.
Hills, B. L. (1975). Visibility under night driving conditions: Field measurements using disc obstacles and pedestrian dummy. *Lighting Research and Technology, 7*, 251-258.
Horn, W. (1983). *Leistungsprüfsystem. L-P-S* (2. erweiterte Auflage). Göttingen: Hogrefe.
Huber, H. P. (1973). *Psychometrische Einzelfalldiagnostik*. Weinheim: Beltz.
Imhof, M. (2000). Aktuelle Aktiviertheit und selektive Aufmerksamkeit. Ein Beitrag zur Hypothese von der umgekehrt U-förmigen Beziehung zwischen Aspekten der Aktiviertheit und Leistungsmerkmalen. *Zeitschrift für Differentielle und Diagnostische Psychologie, 21*, 295-303.
Irrgang, A. & Westhoff, K. (2003). Erleben von Unkonzentriertheit bei der Arbeit. *Wirtschaftspsychologie, 5*, 179-182.
James, W. (1890). *The principles of psychology*. New York: Holt.
Jäger, A. O., Süß, H.-M. & Beauducel, A. (1997). *Berliner Intelligenzstruktur-Test - Form 4 (BIS-TEST)*. Göttingen: Hogrefe.
Jensen, A. R., Larson, G. E. & Paul, S. M. (1988). Psychometric g and mental processing speed on a semantic verification test. *Personality and Individual Differences, 9*, 243-265.
Kainthola, S. D. & Singh, T. B. (1992). A test of tactile concentration and short-term memory. *Journal of Visual Impairment and Blindness, 86*, 219-221.
Kisser, R., Krafack, A. & Vaughan, C. (1986). Determinationsgeräte. In R. Brickenkamp (Hrsg.), *Handbuch apparativer Verfahren in der Psychologie* (S.225-255). Göttingen: Hogrefe.
Klauer, K. J. (2001). Trainingsforschung: Ansätze – Theorien – Ergebnisse. In K. J. Klauer, Handbuch Kognitives Training. 2. überarbeitete und erweiterte Auflage (S. 3-66). Göttingen: Hogrefe.

Korteling, J. E. (1990). Perception-response speed and driving capabilities of brain-damaged and older drivers. *Human Factors, 32*, 96-108.
Kramer, A. F., Hahn, S. & Gopher, D. (1999). Task coordination and aging: Explorations of executive control processes in the task switching paradigm. *Acta Psychologica, 101*, 339-378.
Kurth, E. & Büttner, G. (1999). *Testreihe zur Prüfung der Konzentrationsfähigkeit (TPK)* (2. Auflage). Göttingen: Hogrefe.
Lienert, G. A. & Raatz, U. (1994). *Testaufbau und Testanalyse*. Weinheim: Beltz.
Lindley, R. H., Smith, W. R. & Thomas, T. J. (1988). The relationship between speed of information processing as measured by timed paper-and-pencil tests and psychometric intelligence. *Intelligence, 12*, 17-26.
Lundberg, C., Hakamies-Blomqvist, L., Almkvist, O. & Johansson, K. (1998). Impairments on some cognitive functions are common. *Accident Analysis and Prevention, 30*, 371-378.
Marschner, G. (1972). *Revisions-Test (Rev.T.) nach Dr. Berthold Stender*. Göttingen: Hogrefe.
Marschner, G. (1980). *Revisions-Test (Rev.T.) Handanweisung Teil II*. Göttingen: Hogrefe.
McGwin, G. Jr. & Brown, D. B. (1999). Characteristics of traffic crashes among young, middle-aged, and older drivers. *Accident Analysis and Prevention, 31*, 181-198.
McKnight, A. J. & McKnight, A. S. (1993). The effect of cellular phone use upon driver attention. *Accident Analysis and Prevention, 25*, 259-265.
McKnight, A. J. & McKnight, A. S. (1999). Multivariate analysis of age-related driver ability and performance deficits. *Accident Analysis and Prevention, 31*, 445-454.
Metker, T. & Fallbrock, M. (1994). Die Funktionen der Beifahrerin oder des Beifahrers für ältere Autofahrer. In U. Tränkle (Hrsg.), *Autofahren im Alter* (S. 215-229). Köln: Verlag TÜV Rheinland; Bonn: Deutscher Psychologen Verlag.
Mierke, K. A. (1955). *Wille und Leistung*. Göttingen: Hogrefe.
Moosbrugger, H. & Goldhammer, F. (2004). *FAKT-II. Frankfurter Adaptiver Konzentrationsleistungs-Test*. Grundlegend neu bearbeitete und neu normierte 2. Auflage. Bern: Huber.
Moosbrugger, H. & Heyden, M. (1992). *FAKT. Frankfurter Adaptiver Konzentrationsleistungs-Test. Testmanual, Version 1.0*. Arbeiten aus dem Institut für Psychologie der Johann-Wolfgang-Goethe-Universität Frankfurt am Main.
Moosbrugger, H. & Heyden, M. (1997). *Frankfurter Adaptiver Konzentrationsleistungs-Test*. Bern: Huber.
Moosbrugger, H. & Oehlschlägel, J. (1996). *FAIR Frankfurter Aufmerksamkeits-Inventar*. Bern: Huber.
Myers, R. S., Ball, K. K., Kalina, T. D., Roth, D. L. & Goode, K. T. (2000). Relation of useful field of view and other screening tests to on-road driving performance. *Perceptual and Motor Skills, 91*, 279-290.
Norman, D. A. & Bobrow, D. (1975). On data-limited and resource-limited processes. *Journal of Cognitive Psychology, 7*, 44-60.

Norman, D. A. & Shallice, T. (1986). Attention to action: Willed and Automatic Control of Behavior. In R. J. Davidson (Ed.), *Consciousness and self-regulation. Advances in research and theory* (pp. 1-18). New York: Plenum.

Oehlschlägel, J. & Moosbrugger, H. (1991a). Konzentrationsleistung ohne Konzentration? Zur Schätzung wahrer Leistungswerte im Aufmerksamkeits-Belastungs-Test d2. *Diagnostica, 37*, 42-51.

Oehlschlägel, J. & Moosbrugger, H. (1991b). Überraschende Validitätsprobleme im Aufmerksamkeits-Belastungs-Test d2. *Report Psychologie, 16* (9), 16-15.

Owsley, C., Ball, L., Sloane, M., Roenker, D. L. & Bruni, J. R. (1991). Visual/cognitive correlates of vehicle accidents in older drivers. *Psychology and Aging, 6*, 403-415.

Pfafferott, I. (1994). Mobilitätsbedürfnisse und Unfallverwicklung älterer Autofahrer/innen. In U. Tränkle (Hrsg.), *Autofahren im Alter* (S. 19-36). Köln: Verlag TÜV Rheinland; Bonn: Deutscher Psychologen Verlag.

Plude, D. J. & Hoyer, W. J. (1985). Attention and Performance: Identifying and localizing age deficits. In N. Charness (Ed.), *Aging and Human Performance* (pp. 47-99). New York: Wiley.

Posner, M. & Mitchell, R. F. (1967). Chronometric analysis of classification. *Psychological Review, 74*, 392-409.

Posner, M. I. & Rafal, R. D. (1987). Cognitive theories of attention and the rehabilitation of attentional deficits. In M. J. Meier, A. L. Benton & L. Diller (Eds.), *Neuropsychological Rehabilitation* (pp. 182-201). London: Churchill Livingstone.

Preusser, D. F., Williams, A. F., Ferguson, S. A., Ulmer, R. G. & Weinstein, H. B. (1998). Fatal crash risk for older drivers at intersections. *Accident Analysis and Prevention, 30*, 151-159.

Pribram, K. H. & McGuinness, D. (1975). Arousal, activation and effort in the control of attention. *Psychological Review, 82*, 116-149.

Rabbitt, P. M. A. (1988). Human intelligence. *The Quarterly Journal of Experimental Psychology, 40*, 167-185.

Rheinbraun, Betriebspsychologischer Dienst. (ohne Jahr). *K1.* Unveröffentlicht.

Schlag, B. (1994). Fahrverhalten älterer Autofahrer/innen. In U. Tränkle (Hrsg.), *Autofahren im Alter* (S. 161-172). Köln: Verlag TÜV Rheinland; Bonn: Deutscher Psychologen Verlag.

Schlag, B. (2001). Ältere Menschen im Pkw unterwegs. In A. Flade, M. Limbourg & B. Schlag (Hrsg.), *Mobilität älterer Menschen* (S. 85-98). Opladen: Leske & Budrich.

Scholz, A. & Westhoff, K. (2002). Konzentration im Alltag. In E. van der Meer (Hrsg.), *43. Kongress der Deutschen Gesellschaft für Psychologie, Humboldt Universität zu Berlin, 22.-26.09.02* (S. 401). Lengerich: Pabst.

Shiffrin, R. M. & Schneider, W. (1977). Controlled and automatic human information processing: 11. Perceptual learning, automatic attending, and a general theory. *Psychological Review, 84*, 127-190.

Shinar, D. & Schieber, F. (1991). Visual requirements for safety and mobility of older drivers. *Human Factors, 33*, 507-519.

Sommer, G. (1973). Die Problematik der Erfassung von „Konzentration", dargestellt am KLT. *Diagnostica, 19*, 62-75.

Tewes, U. (1994). *Hamburg-Wechsler-Intelligenztest für Erwachsene. Revision 1991 (HAWIE-R)*. 2. korr. Aufl. Göttingen: Hogrefe.

Tewes, U., Rossmann P. & Schallberger, U. (2000). *Hamburg-Wechsler-Intelligenztest für Kinder III (HAWIK-III)*. Göttingen: Hogrefe.

Treisman, A. (1988). Features and objects: The fourteenth Bartlett Memorial Lecture. *Quarterly Journal of Experimental Psychology, 40A*, 210-237.

Vernon, P. A. (1983). Speed of information processing and general intelligence. *Intelligence, 7*, 53-70.

Westhoff, K. (1987). The first law of concentration. *Archiv für Psychologie, 139*, 49-53.

Westhoff, K. (1991). Diagnostische Strategie bei Konzentrationsproblemen am Beispiel der Klassen 5 bis 10. In H. Barchmann, W. Kinze, N. Roth (Hrsg.), *Aufmerksamkeit und Konzentration im Kindesalter* (S. 136-145). Berlin: Verlag Gesundheit.

Westhoff, K. (1992). Eine entscheidungsorientierte diagnostische Strategie für PsychologInnen bei Konzentrationsproblemen in den Klassen 5 bis 10. In K. Westhoff (Hrsg.), *Entscheidungsorientierte Diagnostik* (S. 49-56). Bonn: Deutscher Psychologen Verlag.

Westhoff, K. (in Druck). KonzentrationsDiagnostikSystem (KDS). Wien: Schuhfried.

Westhoff, K., Geusen-Asenbaum, C., Leutner, D. & Schmidt, M. (1982). Problemfragebogen für 11- bis 14-Jährige (PF 11-14). Braunschweig: Westermann.

Westhoff, K. & Graubner, J. (2003). Konstruktion eines Komplexen Konzentrationstests. *Diagnostica, 49* (3), 110-119.

Westhoff, K. & Hagemeister, C. (1991). Konzentrationsfehler als Prädiktoren beruflicher Leistung. In H. Schuler & U. Funke (Hrsg.), *Eignungsdiagnostik in Forschung und Praxis* (S. 231-234). Stuttgart: Verlag für Angewandte Psychologie.

Westhoff, K. & Hagemeister, C. (1992). Reliabilität von Fehlern in Konzentrationstests. *Diagnostica, 38*, 116-129.

Westhoff, K. & Kluck, M.-L. (2003). Psychologische Gutachten schreiben und beurteilen. Vierte, vollständig überarbeitete und erweiterte Auflage. Berlin: Spinger.

Westhoff, K., Terlinden-Arzt, P., Michalik, B. & John, H. (1995). *Effektiver Arbeiten*. Heidelberg: Asanger.

Westhoff, K., Rütten, C. & Borggrefe, C. (1990). *Hilfen bei Konzentrationsproblemen in den Klassen 5 bis 10*. Broadstairs (UK): Borgmann.

Westhoff, K. & Freyberg, H. (unveröffentlicht). Der Bourdon-Freyberg-Konzentrationstest.

Wickens, C. D. (1984). *Engineering psychology and human performance*. Columbus: Charles E. Merrill.

Stichwortverzeichnis

A

Ablenkung 143, 148, 154
Absichten 26
Abwechslung 24
Akkumodell 20
Alter 14, 158
- Autofahren 161
- Fehleranteil 161
- Tempo 159
Angst 87
Anstrengungsbereitschaft 35
Arbeit, Planung 140, 146, 150
Arbeitsablauf 141, 143, 148, 151, 154
Arbeitsauftrag 139, 145, 150
Arbeitsausführung 141, 147, 152
Arbeitsergebnis 155
Arbeitsmittel 124, 134
Arbeitsplatz
- positive Merkmale 124, 136
- räumliche Gestaltung 124, 132
Arbeitsraum 132
Arbeitsstil 24, 138
- Checkliste 145
- Gesprächsleitfaden 148, 150
Arbeitstechniken 24, 88, 142, 152
Arbeitsumgebung
- Bedingungen der, 121
- Fragebogen 125
Arbeitsziele 140, 146, 151

Aufmerksamkeit 16
- fokussierte, 16
- geteilte, 16
- selektive, 16
Auge, Informationsaufnahme 167
Autofahren 161
- schwierige Situationen 163

B

Bedeutsame andere 28
Befindlichkeit 144, 155
Behinderung 41, 60
Beifahrer 169
Belastung 144, 154
Beleuchtung 123, 128
Beobachtungen 76
Beruf 13
Bewegung 23
Blinde 47
Büromöbel 124

D

Daueraufmerksamkeit 16
Drogen 23
Durchstreich-Konzentrationstests
- mit Buchstaben 44
- mit figuralem Material 45

E

Einstellungen 28
Emotionale Bedingungen 25, 92

Emotionale Befindlichkeit 144, 155
Emotionale Belastbarkeit 25
Erleben von Unkonzentriertheit 108, 115
Ermüdung 25
Erwartungen 26
Essen 23

F

Fahrprobe 165
Farben 123, 128

G

Gedächtnis 34, 44
Gefühle 25
- Umgehen mit Gefühlen 26
Geräusche 22, 123, 130
Gesprächsleitfaden
- Arbeitsstil 150
- Eltern 102
- Kinder und Jugendliche 98
Gesundheitliche Störung 87
Geübtheit 35, 36

H

Hausaufgaben 84
Hirnorganische Gesundheit 32
Homöostase 23
Hypothesen 90

I

Information 142
Informationsauswahl 17
Informationsfluss 153
Intellektuelle Leistungsfähigkeit 91
Intelligenz 24
Intelligenztests 42
Interesse 27

Interpretation von Konzentrationstests 56, 61

K

Klassenumgebung 82
Klima 122, 125
Kognitive Bedingungen 24
Kompensation
- durch Erfahrung 165
- durch Vermeidung 166
- durch Vorsicht 166
Komplexer Konzentrationstest 54
Konsistenz des Verhaltens 156
Konzentration 12
- Akkumodell 20
- im Alltag 109
- Messen von, 32
- Verlauf 38
- zentrale Merkmale 19
Konzentrationsfehler 37
- Neigung zu Konzentrationsfehlern 57
Konzentrationsmaße 36
Konzentrationsstörungen
- fachspezifische, 81
- in allen Unterrichtsstunden 83
Konzentrationstest
- Definition 39
- Komplexer, 54
Konzentrationstests 12, 43
- Arten von, 43
- auditive, 53
- Computer-, 51
- einfache, 40
- Entwicklung 55
- Interpretation 56, 61
- komplexe, 40
- Papier-Bleistift-, 51

- Störungen 59
- taktile, 47
- Theorie 56
- Voraussetzungen 41
Konzentriertes Arbeiten 12
- Bedingungen für, 121
Körperliche Bedingungen 23, 90
Körperliche Befindlichkeit 144, 155
Krankheiten 24

L

Labortests 38, 164
Lärm 123, 130
Lehrerfragebogen 65
Lernen am Erfolg 27
Lernen am Modell 27
Lernfähigkeit 34

M

Medien 28
Medikamente 23
Messen von Konzentration 32
Messgenauigkeit 58
Monotonie 24
Motivationale Bedingungen 26, 91
Musik 23

N

Normen 28

P

Pausen 25, 143, 153
Persönlichkeitsmerkmal 18
Planung der Arbeit 140, 146, 150
Power-Test 42
Probleme 26
- persönliche, 84
Psychische Sättigung 25

Psychologische Fragen 90
Punktwerte 59

R

Rechen-Konzentrationstests 48
Retest-Reiablilität 36

S

Sauerstoff 23
Schlaf 23, 86
Schmerzen 24
Schule 13, 64
- weiterführende, 75
Schülerfragebogen 69
Situationen, schwierige 163
Sortier-Konzentrationstests 46
Soziale Bedingungen 28, 92
Speed-Test 42
Sport 25
Stabilität des Verhaltens 156
Störung, gesundheitliche 87
Straßenverkehr, Gestaltung 167
Strategie 90
Strategien der Testbearbeitung 34

T

Tätigkeitswechsel 25
Telefonieren 169
Tempo 37
- individuelles, 33
- konzentrierten Arbeitens 57
- im Alter 159
Testwiederholung 36, 60
Theorie 56
Trinken 23

U

Überforderung 24, 35
- intellektuelle, 87

179

Überzeugungen 27
Umgebung, häusliche 83
Umgebungsbedingungen 23, 91
Unfallrisiko 164
Unterbrechung 23, 144, 154
Unterforderung 24, 35
- intellektuelle, 87

V
Vergleiche 43
Verhalten, Bedingungen 158
Verhaltensgleichung 22, 158
Verkehrssicherheit, Gestaltung 167
Vigilanz 16

W
Wahrnehmung 33
Wert 26
Wiederholungszuverlässigkeit 36
Wünsche 26

Z
Zähl-Konzentrationstests 48
Zeitdruck 144, 154
Zeitmanagement 141, 151
Ziele 26
Zustand 18